Manuel des Prières à saint Expédit

Ouvrages du même auteur :

- ***Manuel des Prières à la Vierge*** (éditions Cristal)

- ***Manuel des Prières à saint Benoît*** (éditions Cristal)

- ***Dictionnaire pratique des Saints*** (éditions Exclusif)

- ***Manuel des Prières à sainte Rita*** (éditions Cristal)

- ***Manuel des Prières à saint Michel*** (éditions Cristal)

- ***Manuel des Prières à sainte Marie qui défait les nœuds*** (éditions Cristal)

- ***Encyclopédie des Anges*** (éditions Exclusif)

Éditions **Cristal**
60, avenue Charles-de-Gaulle
92200 Neuilly-sur-Seine.
Tél. et Fax. : 01.46.43.09.24.
E-mail : exclusif.edit@wanadoo.fr

Imprimé en CEE

I.S.B.N. : 978-2-8489-5079-2

Émilie Bonvin

Manuel des Prières
à
saint Expédit

EDITIONS
CRISTAL

Avant-propos

Un sacré caractère !

Comme sainte Rita et saint Jude, Expédit est le « saint des causes désespérées ». Ainsi occupe-t-il déjà une place à part dans la dévotion populaire. Remarquons que son culte se distingue par sa personnalité peu commune. Avec son énergie particulière, il est considéré comme un saint « pas commode » ! Bien que doté d'une grande bonté, d'une sollicitude et d'une charité à toute épreuve, il est désigné comme ayant, sans jeu de mots, « un sacré caractère » !

Il s'agit d'une manière fort populaire d'envisager le rôle de saint Expédit dans la recouvrance et l'urgence. Sa réputation est un curieux mélange de confiance et de crainte. Tout en lui peut dérouter ! On sent, dans la dévotion des humbles envers lui un respect original, différent… Un tel saint pose maintes questions que nous présenterons dans les pages qui suivent.

Exigence et rigueur

Il n'est pas seulement l'auxiliateur : le fait est qu'il est un saint de l'exigence et de la rigueur. La tendresse qu'il peut manifester se teinte d'une sévérité qui fait l'admiration de tant et tant de fidèles. Et c'est pourquoi l'on considère ce saint comme « infaillible » dans la résolution de crises et de problèmes inextricables. Si l'on ose le déranger pour rien, ou pour des raisons non valables, il « se venge » !

C'est du moins ce que déclarent certains croyants à la limite de la superstition ! On mesure à cette exagération la popularité de saint Expédit ! N'empêche qu'il y a, dans ces croyances, un fond de réalité ! Ne soyons pas assez vains pour demander l'aide d'un être aussi grand pour de petites choses, des contrariétés sans grande importance ! Et sachons ce qu'est réellement une « cause désespérée » ! Raisonnablement !

Il faut cependant tempérer cette opinion répandue ! Et considérer que la grandeur de saint Expédit agit aussi pour l'obtention du permis de conduire, demande qu'on lui adresse traditionnellement. Sa mansuétude s'occupe donc aussi de choses peu graves !

Paradoxe ?

Faut-il se formaliser d'une telle contradiction ? On ne saurait comprendre les voies du Seigneur avec notre pauvre raisonnement humain ! Un paradoxe apparent n'est pas forcément une opposition radicale. Tout ce qu'on peut dire, c'est que la foi et la ferveur nous portent à envisager le rôle d'Expédit comme singulier et attachant. Ainsi devons nous accepter ce « caractère ». Il y a en lui quelque chose d'à la fois distant et proche qui fascine. Sachons accepter cette réalité. En vénérant ce saint qui a secouru tant et tant de fidèles en des périodes incertaines, voire absolument catastrophiques ! Saint Expédit est ainsi et sans doute cela correspond-il à nos attentes.

Organisation de cet ouvrage

Pour mieux faire connaître sa grandeur, nous avons voulu, dans cet ouvrage, commencer par un « état des lieux ». Il y a donc des considérations historiques qui accompagnent des données diverses sur l'histoire, la légende et l'expansion du culte de saint Expédit dans le monde.

Nous en viendrons ensuite aux prières proprement dites en commençant par ce qu'il y a de général dans ces oraisons. Ainsi le lecteur sera-t-il « dans l'ambiance » et pourra-t-il considérer Expédit d'une façon progressive, arriver à le mieux comprendre avant de formuler des demandes précises.

Un chapitre traitera ensuite des catégories particulières de croyants qu'Expédit protège. Car il est connu pour veiller sur les hommes d'affaires, sur les avocats et juristes, etc.... Un autre chapitre traitera de la maladie : Certes, Expédit est un saint particulièrement efficace pour les affections graves ou mortelles ! Un ensemble de deux neuvaines proposera au lecteur un « itinéraire intérieur » et une exploration de sa foi qui, nous le souhaitons, lui sera bénéfique. Le cheminement proposé voudrait conduire à une meilleure connaissance de soi en Dieu et de Dieu en soi.

N'oublions pas la litanie ! Il est nécessaire de la réciter de temps à autre afin de se pénétrer des attributions de saint Expédit. Dire cette longue prière, que ce soit seul ou en groupe, atteint la profondeur de l'être. Il convient de s'y attacher assidûment. Et l'on mesurera combien la sagesse ancienne des auteurs de prière peut faire du bien, rasséréner, renforcer et raffermir la foi. Une litanie est l'un des moyens les plus sûrs d'approcher la connaissance intime d'un saint.

Nous terminerons par les prières cruciales. Il fallait en venir aux causes désespérées. Malheureux pécheurs que nous sommes ! Avec nos angoisses et nos afflictions, nous devons apprendre à prier avec humilité, malgré les dangers que présente la désespérance ! Il faut retrouver l'espoir et vaincre nos peurs. Tout est une question de confiance en Dieu, en saint Expédit. Rassemblons nos forces, même si elles sont altérées par le découragement, et prions ! En toute sincérité !

Actualité de saint Expédit

Comment demeurer confiant en la miséricorde illimitée du Seigneur ? Rien aujourd'hui ne semble nous y encourager ! On perd facilement pied. Tout semble dur, très dur. Tout nous paraît noir. Et pourtant, tout espoir est permis si nous savons préserver notre intégrité chrétienne qui est faite d'espérance. En toute résistance à l'endurcissement du cœur. Tel est le but de la ferveur. Maintenir la foi ! En plein malheur ! Reconnaissons que ce n'est pas si facile. Doute et faiblesse sont nos ennemis ! Et notre faiblesse est immense ! Avec ce livre, nous espérons que la grâce de saint Expédit viendra secourir les affligés.

Jeune soldat du IIIe siècle, Expédit demeure d'actualité. Et son message de courage, de ténacité semble correspondre aux crises de notre temps, de notre époque troublée. Sachons nous placer sous sa protection pour affronter ces situations angoissantes. Une leçon de vaillance, de fermeté nous fut donnée par ce légionnaire que rien ne prédestinait apparemment à un aussi merveilleux destin. Sachons nous montrer dignes de la protection de saint Expédit !

Introduction :
saint Expédit, un jeune Romain comme tant d'autres

Une famille romaine

La famille Expeditus avait pour patriarche un vigneron, établi non loin de Rome. C'était une lignée d'hommes rudes et de femmes probes. Gens de terre et de fidélité, ils suivaient la loi de Rome. Âpres au gain, mais honnêtes, ces gens eurent sans doute du mal à comprendre les bouleversements politiques de la fin du IIIe siècle. Ces gens pieux, respectant les pratiques de la religion romaine ne pouvaient pas comprendre ce qu'étaient tous ces dieux nouveaux qui parvenaient à Rome, avec leurs rituels étranges, si différents des Saturnales ou des louanges en l'honneur de Cérès. Que penser de ce Mithra, si « exotique » ? Quel étrange Dieu, venu de Perse ou de l'Inde, fils d'Anahita, dont le nom veut dire « l'immaculée » ! Et ce culte bizarre, avec son apogée au solstice d'hiver, le 25 décembre, durant les calendes romaines, que signifiait-il ? « Nativité du soleil invaincu », disait-on. Et Mithra lui-même né d'une grotte, qui était-il ? La famille Expeditus vécut en cette période troublée, durant laquelle il y eut jusqu'à quatre empereurs : Dioclétien, Galère, Constance Chlore, Maximien… Elle sacrifia au culte de Mithra, devenu officiel…

La toge virile

À quinze ans, comme de coutume, Expédit quitta la toge prétexte pour revêtir la toge virile. Il s'agit d'une très importante cérémonie Elle a lieu durant les fêtes de Liber, ou Liberariae. Il s'agit d'anciennes fêtes romaines qui avaient lieu le 17 mars en l'honneur de Liber Pater et de Libera (épithète de Vénus), qui se célébraient le 17 mars. L'acte le plus important de la journée était la prise de la toge virile pour les jeunes gens arrivés à l'âge de la puberté. Après avoir déposé sa bulla au cou des images des Pénates le jeune homme allait, accompagné de ses parents et de ses amis, recevoir la toge dans quelque temple et même au Capitole, s'il appartenait à une grande famille. Là où Jupiter, dieu de la collectivité civique, reçevait les jeunes gens devenus hommes.

Syncrétisme

C'est la fête. On vend des gâteaux à base de miel, qui se confectionnent traditionnellement en ce jour. Les vendeuses, souvent de vieilles femmes, les cuisent dans la rue sur des petits foyers portatifs. Quand quelqu'un achète un gâteau, une partie est offerte sur ce foyer à Liber. Oui, la toge blanche est l'objet de ce rituel de passage. La cérémonie s'accompagne d'offrandes (généralement une pièce de monnaie) à Juventas, déesse de la jeunesse et des adolescents qu'on a ensuite assimilée à la divinité grecque Hébé. La religion romaine, on le voit, était devenue fort syncrétique. Car ces rituels antiques n'empêchaient pas les cultes d'Isis et de Mithra d'être pratiqués en même temps, par les mêmes personnes.

Pratiques « bourgeoises »

Expédit, devenu adulte, devait être ému, fier... Comme tous les jeunes gens de son temps en pareille occasion ! Il s'agit d'une nouvelle naissance ! Cette toge blanche fait du garçon un homme, un adulte. Il est de bonne famille, de bonne souche romaine… Mais, comme cela s'est pratiqué longtemps, un « rituel » fort profane succédait aux actes sacrés. En effet : selon la coutume, on emmenait les jeunes gens à Suburre, le quartier des plaisirs, celui des prostituées, pour fêter son âge d'homme… La bonne bourgeoisie du XIXe siècle n'a rien inventé !

Oui, on se croirait dans le monde de Balzac ou de Maupassant : Les fils de famille se répartissaient les tâches selon leur rang ! De ce fait, l'armée constituerait un bon avenir pour Expédit, jeune homme représentatif de sa classe, cadet de famille, dont l'aîné reprendrait l'exploitation familiale… Et ce passage obligé dans une maison de femmes légères préparait Expédit à la vie militaire, aux filles à soldat. Rien ne le prédisposait, comme on le voit, à devenir chrétien ! Et encore moins martyr ! Certains ont vu là une sorte de parallèle avec Charles de Foucault, d'abord militaire dissipé, débauché, avant de se retirer au désert…

Sur la défensive

Rome avait besoin de soldats. L'empire devenait immense, parsemé de forteresses. Il vivait constamment sur la défensive. Dioclétien augmentait les effectifs. Il fallait des milliers et des milliers d'hommes. De femmes aussi, pour tout ce qui n'est pas la guerre ! Le linge, le sexe, la cantine. Il fallait que tant et tant de gens se décident à partir, à voyager, à prendre le risque de ne jamais revenir.

Préparer la guerre

Il fallait des esclaves et des hommes libres. Et tout ce monde avançait en terre hostile. Il fallait préserver l'empire. L'empêcher de se disloquer. De se dissoudre sous la poussée des ennemis. La guerre constante est une forme d'équilibre incongru. Pour beaucoup, c'était l'image même de la nature, constamment en guerre, faite de mille et un meurtres, de violences et de prédations. La Pax Romana, ou « paix romaine » existait au prix d'une guerre constante. Le sang, la mort violente garantissaient la stabilité, la pérennité. Et lorsque la guerre n'avait pas lieu en telle contrée, on la préparait : Ci vis pacem para bellum ! Pour vivre en paix, préparons la guerre !

Recrutement

Il fallait renforcer les frontières, mater les rebellions. Maximien, en Mauritanie, massacre les révoltés. Dioclétien a vaincu Achilée, qui avait pris Alexandrie : il fallut huit mois de siège ! Avec les catapultes, les immenses machines de guerre. Celles-là même qu'Expédit apprendra à manier. Et que des milliers de jeunes hommes de sa caste apprendront aussi à manier. Il en faut tant et tant, des soldats !

On lève vingt légions. Peine perdue : ça ne suffit pas. Il faut dix mille hommes par ici, quinze mille par-là… lors, chaque famille romaine aisée, chaque propriétaire foncier devra fournir un soldat à Rome. Ou deux, selon ses biens. Des hommes jeunes et de bonne famille.

Sélection

Car l'armée ne recrutait pas n'importe qui ! Il faut que la famille ait du bien. La citoyenneté romaine ne suffit plus en ce temps de reconquête. Il faut que le soldat soit digne de combattre pour la Patrie sacrée. Il faut que la famille pourvoit à ses besoins. L'équipement est fort coûteux. On ne lésine pas. Dulce et decorum et pro patria mori : il est doux et honorifique de mourir pour la patrie. Mais avec un équipement parfait. Impeccable. Des armes bien entretenues. Un courage sans faille. Le soldat devait, au départ avoir subi une bonne éducation. Et savoir tenir son rang. Jusque dans la débauche !

Cette armée devient bourgeoise. On se méfie des nobles : il y a eu des conjurations. On a exclu les patriciens des gardes prétoriennes. Tout a changé. On se méfie. On trie, on sélectionne. On enquête sur la famille du futur soldat. On fait subir de longs interrogatoires à son père. On demande de l'argent. Beaucoup d'argent. Car il faut que le soldat tienne à son rang, à sa famille. Qu'il ait intérêt à l'expansion de Rome. Que sa famille profite des bénéfices divers, directs ou indirects, des colonisations.

Les épreuves

Le père d'Expédit est fortuné. Il en est fier, comme il est fier de voir son fils s'engager sur les chemins de la gloire, sur ceux de la vertu patriotique. Il a payé les armes, le glaive, le pilum, le bouclier... Expédit a dû se soumettre aux épreuves du recrutement : des exercices au Champ de Mars. Là, le Consul et des officiers élus choisissent. Sans appel. Malheur à qui échoue ! Il est comme maudit. Et ses ancêtres sont déshonorés ! Il ne retrouvera pas sa place au foyer. On ne lui donnera pas de travail. On l'éloignera de force, on lui jettera des pierres... L'honneur voulait qu'il se tranchât les veines.

Expédit a réussi l'examen. Et le voici soumis à l'entraînement. Il apprend le maniement des armes, certes. Mais il doit aussi savoir manier truelle, scie, pelle et pioche : Il faut, lorsqu'on arrête de marcher, construire, creuser des tranchées, abattre des arbres, installer le campement et les soldats sont aussi terrassiers, maçons, couvreurs, etc. L'armée est comme une sorte de peuple en marche. Le travail est constant. Le jeune Expédit, comme les autres, dut s'adapter à vivre ainsi, « à la dure ».

Et c'est ainsi qu'il partit pour un voyage qu'il ignorait sans retour... À la rencontre d'un destin exceptionnel.

Une légion particulière : Une glorieuse légende pour des soldats d'élite

La « Fulminante »

Expédit entra dans l'armée romaine à l'âge de seize ans. C'était aussi l'usage ! Il rejoignit la très fameuse XIIe Légion. La « Fulminante » ! Notons que « fulminer », au sens propre, c'est le privilège de Jupiter, car ce mot signifie, au départ « lancer la foudre » (fulmen). Ce qualificatif de « fulminante » illustre, certes, les qualités guerrières de cette légion. Mais elle a une autre caractéristique, une autre légende ! Car ce fut une Légion composée de Chrétiens ! Pour mieux comprendre l'histoire étonnante de ce corps d'armée, lisons ce qu'en dit Dion Cassius, historien antique. Ainsi verrons-nous comment s'est établie une controverse qui, plus tard, alla jusqu'à nier l'existence de saint Expédit comme le rôle de la légion chrétienne en ces temps troublés :

Marc-Antonin soumit les Marcomans et les Iazyges, après avoir livré plusieurs combats importants et couru des dangers ; il soutint aussi une grande guerre contre le peuple appelé Quades, et il eut le bonheur de remporter la victoire contre son attente, ou plutôt elle lui fut donnée par un dieu. Ce fut, en effet, la protection divine qui sauva, contre toute attente, les Romains du danger où ils étaient engagés dans le combat. Entourés par les Quades qui avaient pour eux l'avantage de la position, les Romains se défendaient vaillamment avec leurs boucliers; les barbares cessèrent de combattre, dans l'espoir que la chaleur et la soif leur livreraient l'ennemi sans peine, et s'emparèrent de tous les alentours, qu'ils fortifièrent, afin de l'empêcher de prendre de l'eau nulle part, car ils étaient bien supérieurs en nombre. Or, tandis que les Romains étaient réduits à la dernière extrémité par la fatigue, les blessures, le soleil et la soif, ne pouvant ni combattre ni faire retraite, et qu'ils se tenaient à leurs rangs et à leur poste, dévorés par la chaleur, tout à coup des nuages s'assemblèrent en grand nombre, et il tomba des flots de pluie, non sans une intervention divine; car, dit-on, un mage égyptien, Arnuphis, qui était avec Marc-Antonin, invoqua par des enchantements plusieurs autres génies, et principalement Mercure Aérien, et, grâce à eux, amena la pluie.

Dion Cassius - *Histoire romaine*, 71

Il est à noter que Dion Cassius modifie l'histoire sans vergogne ! Il n'ignorait pas que la Fulminante tient son nom de cet épisode ! Il ne pouvait pas l'ignorer ! La chose était devenue légendaire ! Cette compagnie fit le salut de l'armée et la perte de celle des barbares ! Le mage Arnuphis ? L'histoire ne mentionne pas que Marc-Antonin s'accompagnât de mages et qu'il crût à leurs manigances. Et ce mensonge est fort significatif de la résistance au christianisme des partisans de Rome !

La réalité : la force de la foi

Les autres sources, comme Eusèbe de Césarée, démentent cette assertion. Elles mentionnent que, pendant ce combat, le préfet du prétoire étant venu trouver Marc-Antonin, qui craignait pour son armée en fort mauvaise situation. Le Préfet déclara que seuls ceux qu'on nommait chrétiens pourraient obtenir la victoire par leurs prières.

Or, il se trouvait alors parmi les troupes une compagnie tout entière composée de soldats de cette religion ! Marc-Antonin, heureux de cette nouvelle, leur demanda de prier leur dieu ; celui-ci, ayant exaucé sur-le-champ leur prière, frappa les ennemis de la foudre et consola les Romains par la pluie ; vivement frappé de ce succès, l'empereur honora les chrétiens par un édit et surnomma cette légion la Fulminante. On prétend même qu'il existe une lettre de Marc-Antonin à ce sujet. Les païens, comme Dion Cassius, savent bien que cette compagnie est appelée la Fulminante et ils l'attestent eux-mêmes, mais ils dissimulent l'occasion pour laquelle elle fut ainsi surnommée.

Pluie et grêle

Cependant, Dion ajoute, en accord avec d'autres sources, que, lorsque la pluie commença à tomber, tout le monde leva d'abord la tête vers le ciel, et reçut l'eau dans la bouche ; qu'ensuite, tendant les uns leurs boucliers, les autres leurs casques, ils avalèrent l'eau la bouche ouverte et donnèrent à boire à leurs chevaux ; que, chargés alors par les barbares, ils buvaient et combattaient à la même place ; que plusieurs, étant blessés, avalaient avec l'eau le sang qui coulait dans leurs casques. Ils eussent sans doute été notablement incommodés de cette attaque, le plus grand nombre étant occupé à boire, sans une forte grêle et des foudres nombreuses qui tombèrent sur les ennemis. On pouvait voir l'eau et le feu se répandre ensemble du haut du ciel. Les uns étaient rafraîchis et buvaient, les autres brûlaient et mouraient.

Imperator !

Le feu n'atteignait pas les Romains, ou, s'il venait à les toucher, il s'éteignait aussitôt ; de même que la pluie, au lieu de soulager les barbares, ne faisait, comme l'huile, qu'exciter davantage la flamme qui les dévorait, et, bien que trempés par la pluie, ils cherchaient encore de l'eau. Les uns se blessaient eux-mêmes, comme si leur sang avait dû éteindre le feu; les autres accouraient vers les Romains, comme si, de ce côté seulement, l'eau pouvait leur être salutaire. Marc-Antonin eut compassion d'eux, et il fut alors proclamé par les soldats imperator pour la septième fois. Bien qu'il n'eût pas coutume d'accepter ce titre avant que le sénat le lui eût déféré, il le reçut néanmoins alors comme venant également d'un dieu, et il en écrivit au sénat.

Ainsi fut la Fulminante. Et l'on comprend mieux comment Expédit a pu passer d'un probable culte de Mithra à la fidélité chrétienne en entrant dans ce corps d'armée. Glorieux, il aurait pu continuer ainsi, de victoire en victoire, comme une « vague de gloire » ! Mais voici que, sous Dioclétien, tout changea et l'on décida de persécuter les chrétiens.

Persécution

Brutalement, fin 302 - début 303, éclate contre les Chrétiens la plus brutale des persécutions. En fait, il s'agit là de la seule mesure (à peu près) historiquement avérée de répression générale prise par les Romains contre les tenants de la nouvelle Foi.

Le pape Marcellin abjure alors la foi chrétienne, sacrifie aux dieux, et meurt dans son lit tandis que des centaines (des milliers peut-être) de ses coreligionnaires, plus courageux (ou plus fanatisés) que leur chef, périssent sur l'échafaud, gagnant ainsi, par le baptême du sang, les lauriers du martyre.

Des raisons mystérieuses

Les historiens se perdent en conjectures quant aux motifs de cette persécution inouïe, tant restent floues les motivations réelles de l'empereur et de son entourage. Bien que, pour des raisons politiques, Dioclétien revendiquât hautement sa filiation divine, ce prosaïque empereur était à mille lieues de tout fanatisme "païen". En outre, son épouse Prisca ainsi que sa fille Valéria étaient sans doute chrétiennes... Jusqu'au pape saint Caius (283 - 296) qui faisait, semble-t-il, partie de la famille impériale.

On pense que Dioclétien aurait persécuté les Chrétiens d'abord pour l'unification idéologique (Un seul empire, une seule religion !), ensuite parce qu'à ses yeux, la présence de Chrétiens dans l'administration et, surtout, dans l'armée constituait une menace pour l'État. Ce qu'un ouvrage classique exprime fort clairement :

La période tétrarchique fait se succéder à quelques années de distance une mesure d'exclusion des Chrétiens de l'armée impériale et la grande persécution de 303. Le premier événement est datable de 298 d'après Eusèbe et Lactance. De cette même période date l'Édit contre les manichéens, où s'exprime le souci de cohésion morale autour des valeurs romaines de la tradition.

La volonté impériale d'exclure le christianisme de l'armée pourrait être allée dans le même sens. Tantôt cette épuration a été interprétée comme la première étape d'un plan général de mise hors la loi des chrétiens, tantôt on a supposé que les problèmes rencontrés dans l'armée avaient conduit à généraliser la persécution. Un autre facteur est à prendre en compte : dès les premières années de Dioclétien se sont multipliés les actes d'objection de conscience de la part de nouvelles recrues : conséquence, sans doute, du système de conscription qui venait à peine d'être mis en place. Le refus de servir a pu placer le christianisme en position de refuge moral et physique pour les réfractaires et, à l'intérieur des églises, amplifier l'écho des positions doctrinales affirmant l'incompatibilité du service armé avec la Militia Christi.

Jean-Michel Carrié et Aline Rousselle, *l'Empire romain en mutation*, Édition du Seuil, Coll. Points Histoire, 1999.

Le mystère de Dioclétien

Mais si l'insoumission et l'objection de conscience sont sans doute à l'origine de l'épuration de l'armée et peuvent expliquer - du moins partiellement - les "martyrs militaires", quelles raisons trouver à la persécution des prêtres, des croyants et la confiscation des livres saints ?

Dioclétien, vieilli et usé par le travail, abdiqua en 305, ainsi que Maximien. Il se retira près de Salone, dans un magnifique palais qu'il s'était fait construire et dans les ruines duquel s'est édifiée la ville de Spalato (Split). Il mourut en 313.

Les Quarante martyrs

Les sources manquent pour ce qui concerne Expédit. Mais nous connaissons la persécution des Quarante martyrs. Et le calvaire de ces fiers soldats de la XIIe Légion, la fameuse « Fulminante » éclaire le peu que l'on sait sur Expédit lui-même, si laconiquement évoqué par Eusèbe de Césarée dans son *Histoire Ecclésiastique*.

Licinius, empereur (308-323), qui avait été associé à l'empire par Constantin publia des édits contre les Chrétiens. Il envoya dans toutes ses provinces des magistrats chargés d'exécuter ses ordres : Tuer en d'épouvantables supplices les fidèles au Christ qui ne voulaient pas se convertir. Le gouverneur désigné pour la Cappadoce et la Petite Arménie, Agricolaos convoqua, la douzième légion impériale, dite Fulminante, dirigée par Lysias. Les soldats rejoignirent la ville de Sébaste où résidait le terrible Agricolaos.

Quarante soldats de cette légion, hommes jeunes, braves et appréciés pour leurs services, refusèrent alors de sacrifier aux idoles de l'Empire et se déclarèrent Chrétiens. Originaires de différentes contrées, mais unis comme un seul homme nouveau par la Foi et la charité, ils se présentèrent un à un devant le gouverneur, comme des athlètes qui se font inscrire au jour du combat, et déclinèrent leur véritable identité, en disant : « Je suis Chrétien ! »

Une réponse, un défi !

Agricolaos essaya d'abord de les gagner par la douceur, en vantant leurs actions d'éclat, leur héroïsme. Il leur promit avantages et faveurs de la part de l'empereur s'ils se soumettaient à son ordre. Les Saints lui répondirent ainsi :

Si nous avons vaillamment combattu, comme tu le dis, pour l'empereur de la terre, avec combien plus d'ardeur nous faut-il maintenant engager le combat par amour pour le Souverain de l'Univers. Car il n'y a pour nous qu'une vie : la mort pour le Christ.

Incarcérés en d'affreuses prisons dans l'attente d'une nouvelle comparution, les valeureux combattants de la piété tombèrent à genoux, en priant le Seigneur de les garder dans la Vraie Foi et de les fortifier dans le combat. Comme ils passaient la nuit en chantant des Psaumes, le Christ leur apparut et leur dit :

Vous avez bien commencé, mais la couronne ne sera accordée qu'à celui qui persévérera jusqu'au bout !

Le lendemain matin, le gouverneur les fit comparaître de nouveau et recommença ses flatteries, mais l'un des saints martyrs, Candide, dénonça ouvertement sa douceur hypocrite, déclenchant ainsi la colère du tyran. Toutefois, ne pouvant rien contre eux tant que leur général, le duc Lysias, ne les avait pas jugés, Agricolaos les fit remettre en prison. Au bout de sept jours, Lysias étant arrivé à Sébaste, on les conduisit devant lui.

En chemin, Quirion encourageait ses compagnons en leur disant :

Nous avons trois ennemis: le diable, Lysias et le gouverneur. Que peuvent-ils contre nous qui sommes quarante soldats de Jésus-Christ?

Quand il les vit si fermes et si résolus, Lysias ordonna aux autres soldats de leur briser les dents à coups de pierres. Mais dès que ces derniers se précipitèrent, ils furent aveuglés par une lumière venue de la puissance divine. Éblouis, voici qu'ils se frappèrent les uns les autres. Lysias, pris de colère, saisit alors une pierre et voulut la lancer sur les saints, mais celle-ci alla frapper le gouverneur en le blessant grièvement. On enferma de nouveau les Chrétiens. À quel supplice faudrait-il les soumettre pour qu'ils renoncent enfin? Comment arrêter le scandale de ces hommes narguant la religion officielle?

Le supplice

Rassemblant les ressources de son imagination perverse, le gouverneur ordonna de les dépouiller de leurs vêtements et de les laisser nus sur le lac gelé, qui se trouvait à peu de distance de la ville, afin qu'ils périssent dans d'horribles souffrances causées par le froid. Pour compléter le supplice il imagina de présenter sous leurs yeux, comme ultime tentation, le remède à leurs peines, et fit préparer sur le bord du lac un bain d'eau chaude, afin que celui qui abandonnerait le combat, vaincu par la rigueur du froid, y trouvât de quoi se soulager.

Dès qu'ils entendirent la sentence, les saints rivalisèrent à qui se dépouillerait le premier de ses vêtements, disant:

En déposant ces vêtements, rejetons aussi le vieil homme! Puisque par la tromperie du Serpent, nous avons revêtu jadis les tuniques de peau, dépouillons-nous aujourd'hui pour obtenir le Paradis que nous avons perdu! Que rendre au Seigneur pour ce qu'il a souffert pour notre salut ? Les soldats l'ont autrefois mis à nu, dépouillons-nous maintenant de nos vêtements pour que tout l'ordre militaire obtienne le pardon ! Le froid est rigoureux, mais le Paradis est doux ! Prenons donc patience pour un court instant, afin d'être réchauffés dans le sein d'Abraham. Achetons la joie éternelle au prix d'une courte nuit de tourments ! Puisque de toute manière ce corps corruptible doit mourir, acceptons maintenant de mourir volontairement afin de vivre éternellement ! Reçois, Seigneur, cet holocauste que le froid et non le feu va consumer !

Ce sont les paroles même de la metanoïa, de la conversion, de la découverte de la vraie foi ! De la Révélation intime ! C'est en s'encourageant ainsi mutuellement que les quarante saints s'avancèrent comme un seul homme sur la glace, sans autre lien que leur propre volonté, et pendant toute la nuit ils endurèrent la morsure cruelle du vent, particulièrement glacial en cette région, en priant le Seigneur pour que, comme ils étaient entrés quarante dans le combat, ils en sortent quarante victorieux, sans qu'il en manquât un seul à ce nombre sacré, symbole de plénitude. Comme la nuit avançait et que leurs corps commençaient à se durcir et leur sang à ralentir sa circulation en leur provoquant une insupportable souffrance au cœur, l'un d'entre eux, vaincu par la douleur, quitta le lac et se précipita vers le bain surchauffé. Mais la différence soudaine de température le fit mourir presque aussitôt, privé de la couronne de la victoire. Les trente-neuf autres, navrés de la perte de leur compagnon, redoublèrent leur prière, et soudain une grande clarté vint percer le ciel et s'arrêta au-dessus du lac en réchauffant les saints martyrs, et des anges descendirent pour poser sur leurs têtes trente-neuf couronnes resplendissantes.

Conversion d' Aglaïos

Devant cette merveille, un des gardes, nommé Aglaïos, qui se réchauffait près du bain, eut soudain la conscience illuminée par la

Foi. Constatant qu'une quarantième couronne restait suspendue en l'air, semblant attendre que quelqu'un vienne compléter le nombre des élus, il réveilla ses compagnons d'armes, leur jeta ses vêtements et il s'avança avec empressement sur la glace pour rejoindre les martyrs, criant que lui aussi était Chrétien.

Lorsque, le lendemain matin, Agricolaos apprit l'événement, il ordonna de tirer les saints hors du lac et de les achever en leur rompant les jambes, puis d'aller jeter leurs corps au feu afin qu'il ne restât aucune trace de leur glorieux combat. Comme on les traînait vers l'ultime supplice, les glorieux martyrs chantaient :

Nous avons passé par le feu et par l'eau, mais Tu nous en as tirés, Seigneur, pour nous procurer le rafraîchissement !

Psaumes, 65 : 12.

Après avoir exécuté leur besogne, les bourreaux chargèrent les corps des saints sur un chariot pour les conduire au bûcher. Ils s'aperçurent alors que le plus jeune d'entre eux, Méliton, était encore vivant et le laissèrent, dans l'espoir de le convaincre finalement à renier sa Foi. Mais sa mère, qui avait assisté au spectacle, vint prendre son enfant dans ses bras et le déposa elle-même sur le chariot avec les autres corps, en lui disant :

Ne reste pas privé de la couronne, ô mon cher fils, rejoins tes compagnons pour jouir de cette lumière éternelle qui dissipera mon affliction.

Et, sans répandre une larme, elle accompagna le chariot jusqu'au bûcher, le visage rempli de joie.

Dévotion

Suivant les ordres du gouverneur, les soldats dispersèrent les cendres des martyrs et jetèrent leurs ossements dans le fleuve ; mais, au bout de trois jours, les saints apparurent en vision à l'évêque de Sébaste, Pierre, et lui indiquèrent l'endroit du fleuve où ils étaient retenus pour être vénérés par les fidèles. Par la suite les reliques des Quarante martyrs furent distribuées dans de nombreux lieux, et leur culte se répandit, principalement grâce à la famille de saint Basile, qui leur portait une grande dévotion.

La nuit qui précéda leur martyre, les saints dictèrent leurs dernières volontés, sous forme d'exhortation, à un jeune esclave, Eunoïcus, qui fut témoin de leurs combats et put échapper aux persécuteurs. Il transmit cet admirable texte à la postérité et prit soin, par la suite, du sanctuaire où étaient déposées leurs reliques. C'est dans ce testament qu'on peut trouver les noms des Quarante martyrs : Acace, Aétius, Alexandre, Angias, Athanase, Candide (ou Claude), Cyrille, Dométien, Domnus, Ecdikios, Elie, Eunoïque, Eutychius, Flavius, Gaius, Gorgonius et un autre du même nom, Hélien, Héraclius, Hésychius, Jean, Khoudion, (Léonce), Lysimaque, Mélèce, Méliton, Nicolas, Philoktimon, Priscus, Quirion, Sacerdon, Sévérien, Sisinius, Smaragde, Théodule, Théophile, Valens, Valère, Vivien, Xanthias. L'un d'entre eux ayant fait défaut, Aglaïos, le soldat, vint le remplacer pour compléter leur nombre sacré.

Le martyr d'Expédit et de ses frères chrétiens selon la tradition orale

Le climat d'une époque

Les textes sont lacunaires à propos d'Expédit. C'est bien pour cela qu'il nous a fallu, à titre d'exemple et d'illustration de ce qu'il se passait à cette époque dans le monde du christianisme persécuté, parler d'autres saints, d'autres tourments. Ceci afin de donner, à l'aide d'une documentation précise, une description la plus rigoureuse possible du climat de l'époque. Les faits connus peuvent ainsi éclairer ce que nous ignorons et les suppositions en deviennent moins hasardeuses. Les rituels, de plus sont constants. Ainsi les cérémonies à Mithra, telles qu'elles se sont passées pour certaines occasions, permettent de penser qu'elles ont eu lieu de la même façon durant d'autres événements.

Récits et légendes

Pour revenir à saint Expédit, il nous faut maintenant faire appel à la tradition orale. Elle se compose de nombreux récits que l'on trouve dans diverses parties du monde. Que ce soit en Italie, en Arménie, en Hongrie, à La Réunion, au Chili, en Espagne, ces traditions concordent et diffèrent généralement sur des points de détail. Cette cohérence est une garantie.

Le martyre d'Expédit eut lieu à Malattia. La légende s'en est transmise par tradition orale. On dit que l'église de Malattia fut détruite à la catapulte, avec les femmes chrétiennes à l'intérieur. D'un seul coup, les soldats romains, qui avaient vécu en bonne entente jusque-là avec les habitants du pays occupé, deviennent féroces. Sur ordre.

Entre-temps, Expédit s'était lavé du sang reçu, celui du taureau de Mithra, celui des rituels barbares de son enfance. Il avait demandé le baptême au prêtre local. Il est allé jusqu'à la rivière, à la sortie de Malattia. Il est entré dans l'eau. Le prêtre l'a suivi. Et ce furent les mots mêmes de Jean, le Baptiste, le décapité, qui résonnèrent ce jour-là. Avec Expédit se trouvaient Rufus, Caius, Hermogène, Galatas, Aristonique. Un forgeron, un prêtre... Des hommes bientôt condamnés. Ils se sentent libres, délivrés du poids de leurs péchés. Ils vont vers une nouvelle vie...

Ils proclamèrent leur foi. Alors, on les arrêta. Ils seraient soumis à l'épreuve : ils devraient manger les viandes sacrées, en l'honneur de Mithra. Sinon... On les tuerait dans l'arène. Car on préparait une grande fête en l'honneur de Mithra.

Le culte de Mithra

Il nous faut revenir maintenant sur le culte de Mithra. En effet, rien de l'histoire d'Expédit, comme des autres persécutés chrétiens de la période, ne peut être vraiment compris sans la concurrence de ce culte avec le christianisme. Avec certaines correspondances rituelles qui ont pu entretenir de tenaces confusions.

Le culte de Mithra fut un culte à mystères. Il naquit sans doute durant le IIe siècle av. J.-C. dans la partie orientale de la Méditerranée. Il s'est ensuite répandu dans tout l'Empire romain Aux IIIe et IVe siècles, le culte de Mithra eut une implantation particulière auprès des soldats romains. Comme toutes les religions païennes, il fut prohibé en 391.

Historique du mithraïsme

La première référence dans l'histographie gréco-romaine au culte de Mithra se trouve dans l'œuvre de l'historien Plutarque, qui mentionne que les pirates de Cilicie célébraient des rites secrets en relation avec Mithra en 67 av. J.-C.

Il est probable que ceux qui ont introduit le mithraïsme dans l'Empire Romain étaient des légionnaires qui avaient exercé aux frontières orientales de l'Empire. Vers l'année 80, Stace mentionne la scène de la tauroctonie dans sa Thébaïde (I, 719 – 720). Plutarque dans sa Vie de Pompée parle clairement du culte de Mithra, montrant qu'il était déjà connu à son époque. À la fin du IIe siècle, le mithraïsme était largement diffusé dans l'armée romaine, comme chez les bureaucrates, les marchands et jusque chez les esclaves.

Les empereurs du IIIe siècle étaient fréquemment des protecteurs du mithraïsme. La structure fort hiérarchisée de ce culte permettait d'infliger une discipline stricte à l'Empire. Les empereurs renforcèrent ainsi leur pouvoir. Et ce fut particulièrement significatif pour l'armée romaine, dont la discipline, déjà forte, devint encore plus rigoureuse grâce à cette religion fascinante qui donnait un nouveau sens à la vie militaire !

Les rites

Il semble que le rite principal de la religion mithraïque ait été un banquet rituel, que l'on peut rapprocher d'une certaine manière de l'eucharistie du christianisme. Selon le témoignage du chrétien Justin, les aliments offerts durant le banquet étaient du pain et de l'eau ;

cependant les découvertes archéologiques montrent que c'était du pain et du vin, comme dans le rite chrétien. Cette cérémonie se célébrait dans la partie centrale du mithraeum, caverne aménagée ou temple construit ad hoc, dans laquelle deux banquets en parallèle offraient un espace suffisant pour que les fidèles pussent s'étendre, selon la coutume romaine. Les « Corbeaux » (Corax) remplissaient la fonction de serveurs des nourritures sacrées.

Dans le rituel, un ancien montre le ciel, l'index tendu. Il désigne un vol de corbeaux. Il déclare d'une voix solennelle :

Consacre-toi à Mithra. Qui aime la guerre récolte les lauriers de la gloire. Il est l'honneur des siens.

Il est important de constater que le corbeau, l'un des emblèmes de saint Expédit a aussi son importance dans ce culte de soldats. L'ambiguïté du corbeau existait déjà dans la mythologie de Mithra. Terrible corbeau !

Le corbeau en actes et en esprit : Mythologies

Il est encore et toujours l'oiseau qui brouille les pistes. Bénéfique ou maléfique ? Qui le sait, à quel moment ? Car il change de valeur à toute heure du jour. Sans raison apparente. Il prédit aussi bien la mort que la recouvrance. Il peut assombrir le jour, le muer en nuit profonde. Il peut éloigner de la lumière divine, séparer de Dieu. Il peut aveugler, au sens propre comme au figuré : il crève les yeux de son puissant bec et répand les pires ténèbres dans les âmes qu'il trouble.

La peur

Il fomente la peur, la peur abjecte, celle qui prend au ventre. Cette sensation de vide et de dégoût, cette débâcle intestinale qui soumet le corps et l'esprit à l'esclavage d'un néant instantané. Cette terreur soudaine, cette horreur irrépressible qui peut fondre d'un seul coup, irraisonnée, déraisonnable, sur le plus brave des soldats ! En un instant, il crée la panique et ruine rapidement toute une carrière militaire de témérité, de bravoure, d'actions d'éclat !

La voix du corbeau

Il est une voix grinçante. On peut l'entendre dans le plus aride des déserts comme dans le froid des neiges impitoyables. Il sait faire vibrer le cristal des plus hautes glaces... On l'assimile à toutes les fourberies, ruses et traîtrises, au mensonge, à la calomnie, à la dénonciation mensongère. Il ruine les réputations. Il porte le ragot de place en place, de hameau en hameau, de ville en ville... Il fait battre les montagnes.

Oui, il est la voix mystérieuse qui domine parfois les autres : elle parle au dehors comme en dedans. Noir et or, trouble et fascination. Le corbeau intrigue, effraie... Il peut vivre cent ans. Il est jaloux. Facilement assassin, le corbeau intimide. Et, lorsqu'on le sacrifiait, c'était toujours avec une curieuse appréhension...

Autres sacrifices

Le rituel incluait aussi le sacrifice d'un taureau, bien qu'on sacrifiât également d'autres animaux.

À un certain moment de l'évolution du mithraïsme, on utilisait aussi le rite du « taurobole », ou le baptême des fidèles avec le sang d'un taureau. Et l'on dévore la viande et les entrailles des bêtes sacrifiées... Le 25 décembre, on commémorait la naissance de Mithra. Les 16 de chaque mois étaient sacrés également. Les adeptes de Mithra louaient également le dimanche, jour du Soleil.

L'initiation des soldats

Grâce à Tertullien, on connaît le rite de l'initiation du « Soldat » (Miles) que subit certainement Expédit. Le candidat était « baptisé » (probablement par immersion), il était marqué au fer chaud et enfin on le mettait à l'essai avec le « rite de la couronne » (le néophyte devait laisser tomber la couronne dont on l'avait coiffé, en proclamant que c'était la couronne de Mithra).

Expédit : du légionnaire au chrétien

Ces quelques éléments sur la religion de l'armée nous font comprendre la dureté de cette dernière, comme l'incongruité de l'existence d'une légion contenant des chrétiens. Aussi nous éclairent-elle sur le destin d'Expédit et de ses compagnons qui n'est pas très différent de celui des quarante martyrs ! Les mêmes causes apportèrent les mêmes effets et les histoires sont parallèles. En même temps, nous pouvons mesurer le chemin parcouru par le jeune Expédit, Romain de bonne extraction, soldat exemplaire si imbu au départ, des idées de sa caste, de sa classe et de son état militaire.

Un soldat exemplaire

Car Expédit s'était battu ! Il avait subi le dur entraînement de l'armée, des troupes d'élite ! Il connaissait les techniques du combat rapproché, du glaive, du pilum ! Il avait tué, avait été blessé, avait rendu coup pour coup et participé aux massacres, forcé les filles, pillé les fermes ! Il avait connu les filles à soldats des villes de garnison, les tavernes louches, les tripots où l'on joue, où l'on trafique… Il n'était certes pas ce qu'on nommait déjà un « enfant de cœur », mais un redoutable soudard !

L'ignorer ne permet pas de mesurer justement la grandeur d'un tel homme, ni d'apprécier son renoncement, sa conversion à sa juste valeur. Et l'on doit se souvenir que toute conversion est aussi une conversion à soi-même, un chemin vers la pureté native que crée le baptême. Le courage d'Expédit devenu chrétien dépassa celui du même Expédit sur le champ de bataille ! Or, c'était un brave parmi les braves ! Il était couvert des insignes d'honneurs attribués aux héros ! Les voies du Seigneur sont impénétrables !

Expédit face à son destin

Expédit avait trahi Mithra. Ou, du moins, il avait fraternisé avec les chrétiens, avant de devenir lui-même chrétien. Il fut donc arrêté, saisi, malmené, enchaîné, sans armes, sans insignes, fut amené au lieu du sacrifice. Il était vêtu d'un grossier vêtement, rude, laid : celui des condamnés. Il fut amené au pied de Mithra, on le jeta à terre, on l'y maintint. Les bêtes du sacrifice, éventrées vives se trouvaient là, sanglantes, palpitantes, tandis qu'on leur arrachait les entrailles que l'on faisait griller sur un feu proche. Le tribun se régala. Et aussi les soldats, les centurions...

Sacrilège !

Alors, le tribun ordonna à Expédit d'en faire autant. Expédit refusa, avec dégoût, de se soumettre à ce rituel connu. À cette pratique qui fut sienne... On lui introduisit de force les morceaux de viande dans la bouche. Il étouffe, se débat, recrache... On recommence. Expédit crache encore. Et cette fois, avec une énergie farouche ! À tel point qu'il rejette les intestins fort loin, jusqu'à la statue de Mithra qu'ils éclaboussent !

Pour les païens, c'en est trop ! Il s'agit d'un sacrilège ! Expédit en paiera le prix !

Avec un crochet rougi, on lui présente le cœur du taureau, on veut qu'il le mange... Et le fer brûle Expédit. Qui tient bon. Avec lui, ses amis chrétiens, ses frères agissent de même. La femme du tribun rit d'une façon démente. Les soldats commentent la scène avec leur délicatesse ordinaire. Expédit parle, bredouille à cause de la brûlure. Il reprend spontanément les paroles mêmes du Christ, il tourne son esprit vers le Père et sa voix s'élance :

Seigneur, Seigneur, éloignez cette coupe de moi.

La fin…

Durant des jours et des jours, la fête continua. On laissa quelques chrétiens au repos, afin de restaurer leurs forces. Ceci pour qu'ils ne meurent pas trop vite, pour continuer à les tourmenter, à peine remis sur pieds. Puis on les ramène devant le dieu Mithra, on les tourmente avant de les jeter vifs dans la grande fournaise qui brûle les corps déchiquetés, agonisants.

Chaque chrétien est attaché à un poteau. Le bourreau assure, un fouet dans sa main, un fouet à clous, un de ces fouets à lanières hérissées. Le « spectacle » continue. Il est terrible. Expédit subit le même sort jusqu'à n'être plus qu'une masse informe et sanguinolente.

Et l'on décapita les malheureux chrétiens. La légende, transmise de mère à fille en Anatolie chrétienne, précise qu'on ne brûla pas leurs corps. Pour plus d'indignité, on laissa les chiens s'en repaître, on jeta les têtes dans les égouts.

À l'endroit où la tête de saint Expédit était tombée, un soldat trouva une fleur à trois pétales. Une fleur inconnue. Le soldat voulut la cueillir : elle disparut, devint une croix immatérielle, voguant dans l'air ambiant. Durant plusieurs jours, une lumière scintillante envahit les lieux. La nuit, elle éclairait les restes des martyrs. Et cette lumière revient, certaines années, le 19 avril.

Visage de saint Expédit : Cohérence et diversités

Un saint « intime »

Tel fut l'homme dont on ne reconnaît pas toujours la valeur, la grandeur. Pour la plupart des fidèles, saint Expédit aurait simplement été un commandant romain d'Arménie converti au christianisme et décapité pour cette raison par l'empereur byzantin Dioclétien en l'an 303 de l'ère chrétienne. Un saint, certes. Mais assez peu connu. Dioclétien a tué tant et tant de saints, de justes, de sages, de vierges ! Et le rayonnement de saint Sébastien, par exemple, semble étouffer la lumière radieuse de son confrère légionnaire, Expéditus ou Elpidius.

Expédit et les femmes

Il n'en est rien ! Du moins pour beaucoup de gens simples. Expédit est un saint « intime », proche des gens du foyer, familier comme les lares auxquels il a dû sacrifier avant de connaître la foi en Christ, le Roi du monde. Un saint « quotidien » qu'en Italie, par exemple, ces femmes chrétiennes invoquent avec une certaine rudesse fervente qui montre combien l'espérance chrétienne se mêle à de vieux « réflexes » païens qui n'altèrent en aucun cas la profonde sincérité de ces femmes. Même si ce genre de pratiques n'est pas à conseiller. Ainsi en parle une femme, italienne par sa mère, avec une belle et fidèle énergie :

Tu as été créé, semble t-il pour exaucer les prières de femmes. Leur quotidien aux âpretés diverses. Aux suavités plus rares qu'on ne le pense. Le souci d'élever les enfants, cette constante cause pressante. Mes litanies rotatives entre toi et moi :

Protège-les, Expédit, de la maladie et de la félonie.

Aide-moi à conquérir chaque jour l'homme élu. Éloigne cet effroi de quêter au miroir mon image peu à peu défaite.

Pacifie cette angoisse, cette urgence. Donne-moi la sagesse de comprendre que l'amour ne se quête pas forcément au miroir.

Je ne crains pas de te demander la lune.

Te maltraiter quand tout va mal. Te dérober au passage, ô sacrilège, un baiser au coin de la bouche, quand tu vas mieux.

Expédit, Espérance.

Hortense Dufour,
Saint Expédit, le jeune homme de ma vie, 1995

Oui, Expédit est aussi aimé des femmes. Il procède de l'intimité. Et, dans le même ouvrage, on peut lire cette adresse à Expédit :

Tu me plais parce que je suis toujours en état d'urgence et d'inquiétude.

Féminin/masculin : Dualité du culte de saint Expédit

Expédit est le saint de l'urgence, des causes désespérées. Il protège aussi les procrastinateurs, ceux qui remettent toujours tout au lendemain (l'étymologie de ce mot rare comprend le terme cras, dont nous avons déjà vu qu'il signifie « demain », en latin). Il était soldat. Et même excellent soldat, membre et officier d'une troupe d'élite ! Certes, il vivait dans l'urgence, dans le péril constant. Dans le courage et l'exploit. Mais aussi dans le quotidien sordide de la vie de garnison, avec l'ennui, le jeu, les filles, le désœuvrement. En attendant les longues marches, la lenteur des avancées, puis la violence extrême, le sang, la mort… Les conduites effroyables des soudards, les pillages, les viols…

Rien ne semble plus éloigné du monde féminin, maternel, du foyer, des travaux et des jours. Des lessives, de la cuisine. Des enfants à élever. Et pourtant, en Italie comme en d'autres régions chrétiennes, saint Expédit est cet éternel « jeune homme », ce beau soldat dont on rêve et qui s'en va pour, souvent, ne pas revenir. Parfois, dans nos pays de conscriptions, il est aussi l'image du fils qui va partir à l'armée, à la guerre. Son culte, paraît-il, s'est renforcé à l'époque des guerres napoléoniennes qui ont éloigné de leurs foyers à jamais tant et tant de jeunes hommes…

Pourtant, il nous semble fort curieux que ce saint conserve cette popularité auprès des femmes… Et l'on voit, dans les lignes citées ci-dessus, combien cette popularité est profonde… Hortense Dufour commence son ouvrage, déjà cité, par ces mots :

Ma mère priait saint Expédit. Sa mère, la mère de sa mère également. Ces femmes venaient de l'Italie, le pays de saint Expédit.

Expédit appartient aux femmes, aux mères. Elles m'ont donné la statuette de ce jeune centurion martyrisé en 303, sous l'empereur Dioclétien. La statuette a traversé les générations.

Je porte à mon cou la médaille d'argent frappée à son effigie, glissée dans une cordelette d'acier. Ma mère la coinçait avec une épingle à nourrice à la bretelle du soutien-gorge. Le lait était ainsi meilleur pour nourrir l'enfant. Le confier à la protection d'une sentinelle divine.

Et l'on ne peut que penser avec émotion à ces générations de femmes qui, de siècle en siècle ont remis leur confiance, leur foi à saint Expédit.

Une « homéopathe de paganisme »...

La même “auteuse”, qui nous parle tendrement de ce saint vénéré dans sa tradition familiale, montre aussi combien Expédit procède d’un enracinement fort ancien. Et cette profonde chrétienne, sûre de sa foi, ne craint pas de faire allusion à la longue tradition qui semble venir du fond des âges. Et qui lui vient de sa mère, une femme du Sud, qui tenait cette dévotion de sa mère, et ainsi de suite :

Tu tiens du dieu Mercure, du lare familier au foyer, d’un vibrant archange prêt à dégainer. Tu autorises le savoureux blasphème de conserver une homéopathe de paganisme. Pour mieux croire, aimer, savourer. Ne point dédaigner. Croire que le bonheur est aussi de ce monde...

Tu es jeune, tu es beau, tu me plais.

(id)

Évidemment, dans ces familles chrétiennes il y a des oppositions :

Les hommes s’en moquent, incrédules, vaguement gênés, jansénistes par pudeur plus que par conviction.

(id)

« Ménagères et soldats »

Faute de pouvoir expliquer complètement cette dévotion féminine, il faut cependant en tempérer la spécificité. Car, comme saint Sébastien, saint Maurice ou saint Martin, autres martyrs militaires, Expédit protège les soldats. Et l’on a pu connaître, dans la génération de l’auteur, des vieux « poilus » de la Première Guerre Mondiale racontant qu’ils montaient au front en portant une petite médaille de saint Expédit. Ces hommes, vivant l’enfer sur terre, priaient saint Expédit en pleine horreur. Au lieu même de la haine barbare. Avec la même urgence que connut Expédit lorsque lui aussi se battait, avec d'autres armes, mais avec la même peur au ventre, cette peur dont on arrache le courage pour tenir quand même. Cette peur qui crée la cruauté, le désir irrépressible de tuer dans le bruit et le vacarme, dans le tohu-bohu de sang et d'atrocité tandis qu'au fond des cœurs l'espérance devient muette, dans le silence de l'amour autant que dans celui de la raison.

Expédit, le légionnaire, a vécu ça, a compris ça, a vaincu ça. Sans doute a t-il aussi rêvé de gloire. De triomphe. Mais on y pense peu au cœur de l'atrocité. Sous les pierres des catapultes comme sous les obus. Percé d'une flèche ou d'une baïonnette. Les armes changent. Telle qu'en elle-même, la guerre demeure. Et les saints militaires se ressemblent et s'opposent, d'Expédit à Charles de Foucault, officier noceur qui finit ascète…

Saint Martin, lui aussi est aimé des femmes. Il est proche des milieux humbles. Mais il est aussi un saint pour soldats. De soldats. Comme Expédit. Il serait bon, certainement, d'étudier cette complémentarité qui mêle dans la vénération du même saint la femme qui demeurait au foyer, perpétuant la sagesse du monde et la vie avec le guerrier, volontaire ou malgré lui. Ce même guerrier qui, hélas, est aussi la terreur d'autres femmes, dans d'autres maisons, qui prient peut-être elles aussi le grand saint Expédit. Pour être protégées du soldat brutal. Qui ressemble à ce que fut saint Expédit lui-même avant sa rencontre avec l'ineffable Lumière…

L'Histoire

Eusèbe de Césarée

Afin que nul n'ignore… Le principal récit concernant Expédit se trouve dans l'œuvre majestueuse d'Eusèbe de Césarée. Ce dernier, contemporain des horreurs qu'il raconte, nous emmène d'une façon directe vers les choses cruciales d'une période de cruautés indicibles. Pour comprendre saint Expédit, il semble avisé de comprendre l'homme qui a voulu faire connaître sa mémoire, un homme de foi, de respect, de courage…

Eusebius Pamphili (vers 265 – 339) fut évêque et théologien. Il compte parmi les fondateurs de l'église sans toutefois être reconnu comme un Père de l'Église. Il est un peu « à l'écart », quoique renommé et respecté…

Il se destina à la prêtrise et devint évêque à Césarée en Palestine autour de 313. Comme on le voit, il vécut juste après l'époque des martyrs comme Expédit. Et fut le contemporain d'autres persécutés. Comme saint Pamphile, qui fut son maître. Et qui subit, lui aussi, la persécution de Dioclétien, en 309 ou en 310. On comprend pourquoi, et comment, Eusèbe fut tout naturellement porté par sa foi à célébrer les saints de cette époque.

Concilier…

Eusèbe fréquenta l'empereur Constantin. Il connut plusieurs des principales figures de l'arianisme. Mais il ne suivit pas ce dogme. Son rôle fut plus subtil et lui valut, de ce fait, de solides animosités. Eusèbe croyait en la mission divine confiée à Constantin. Il croyait au rôle de l'Empire pour répandre le christianisme. Il savait que, pour cela, il fallait que les fidèles fussent unis.

Alors, cherchant à vaincre les oppositions, il essaya de concilier l'inconciliable : Comment établir la paix entre les partisans du symbole de Nicée et les ariens ? Comment les réconcilier avec Athanase d'Alexandrie, leur faire admettre le concile de Tyr et les conclusions du synode d'Antioche ? C'était se retrouver entre le marteau et l'enclume, en cette position inconfortable s'il en fut fait que beaucoup de chrétiens se méfient encore d'Eusèbe. Du moins en tant que théologien ! Car l'historien demeure. Et quel historien ! Même s'il expose énergiquement ses convictions et sombre souvent dans la « propagande ». En ceci, il ne diffère pas des autres historiens de son temps et de bien d'autres.

Un historien « moderne »

Mais Eusèbe dépasse ce rôle de chroniqueur « à l'ancienne ». Il est étonnamment « moderne » car il inclut dans son ouvrage des extraits des documents qu'il a utilisés. De ce fait son travail est le plus souvent clair et précis. L'abondance de la documentation permet au lecteur moderne de faire la part des choses par rapport aux convictions de l'auteur. Et la confrontation avec d'autres sources permet de parvenir à une vision fidèle des lettres de Constantin, ainsi que des actes indispensables pour la connaissance de cette période fondatrice. Eusèbe a composé une Chronique, liste datée d'événements de la Création à 303, comme nous le savons, importante ! Il rédigea, bien sûr une précieuse *Vie de Constantin* (on a parfois douté qu'il en fût l'auteur) qu'il compléta par deux *Éloges de Constantin*. Force est de reconnaître que l'admiration d'Eusèbe pour ce grand empereur le porte parfois à l'exagération !

On ne saurait tout dire. Et dans sa *Théophanie ou l'Histoire ecclésiastique*, Eusèbe prévient le lecteur :

... nous mentionnerons généralement dans cette histoire uniquement les événements qui peuvent être utiles d'abord à nous-mêmes, ensuite à la postérité.

Eusèbe de Césarée, *Histoire ecclésiastique*, VIII, 2, 3.

L'historien choisit donc. Il nous le dit honnêtement. Il suffit de le savoir. D'ailleurs, quel historien n'est pas obligé de faire un tri ? Comment savoir ce qui est important, le demeurera et le distingue de ce qui est trivial, inutile et n'apporte rien ?

L'essentiel

Eusèbe est l'auteur d'une œuvre abondante et importante en ce domaine. Il fut même l'une des sources de Chateaubriand (pour le *Génie du christianisme*) dans son ouvrage capital : Préparation évangélique, qui vise à prouver la supériorité du christianisme, sur le plan philosophique, par rapport aux autres dogmes connus à l'époque. Dans cette œuvre immense, Eusèbe allait à l'essentiel. Et, s'il a voulu parler d'Expédit, c'est bien qu'il accordait à ce martyr une grande place. Une place particulière. Le destin de ce culte lui a donné raison.

Eusèbe en son temps

Bien évidemment, Eusèbe fut marqué par les terribles persécutions auxquelles certains de ses proches succombèrent. Il y a, dans son style comme en lui-même quelque chose de l'époque troublée dans laquelle il a vécu... Il voulut être juste, refuser de prendre parti, aimer tous ses frères... Et l'on sait ce que cela peu coûter! Il fut celui qui tenta de demeurer serein dans le chaos.

L'urgence

Il s'est donné la mission d'en transmettre l'histoire. En étant fort conscient de ces troubles souvent abominables. En en comprenant le sens profond. En se rendant compte que le monde se bouleversait. Aussi, tout le travail historique d'Eusèbe est pour nous irremplaçable. Il s'agit à la fois d'un témoignage et d'une véritable œuvre d'historien. En même temps, on peut lire l'urgence. Car rien ne garantissait que tout ne serait pas perdu. Que, durant les massacres, tous seraient tués. Et qu'il ne resterait rien du message. Il fallait donc écrire. Dans l'urgence. Dans l'incertitude. Et nous retrouvons là les domaines d'intervention d'Expédit.

Proximité d'esprit, fraternité d'âmes

On sent, à cause de tout ceci, à cause de cette urgence même, une certaine proximité d'esprit, une familiarité d'âmes entre Eusèbe et Expédit. Le sage, le docte, le savant, l'érudit s'accordait mystérieusement avec le soldat modèle, le combattant juste. Tous deux vivaient dans les tourments et la brutalité. Mais tous deux allèrent d'un pas ferme vers la paix intérieure. Pourtant, Eusèbe demeure discret, à propos de saint Expédit. Il n'en raconte pas trop. Il sait que, devant un tel personnage, un être aussi exceptionnel, on ne peut tout faire comprendre. Il a laissé des traces, des indices. Et c'est au lecteur de comprendre, à demi-mots, ce saint mystérieux que beaucoup disent « ambigu »! Il faut aussi retrouver une certaine innocence en soi pour aborder Expédit, si proche, si lointain, si célèbre, si méconnu...

Expédit tel qu'en lui-même

Car le message d'Expédit est dans une certaine façon d'appréhender cet homme qu'il fut. Ce soldat. Et l'on a vu combien il est proche des femmes. Combien elles se sont reconnues en lui. En sa force, en sa jeunesse. Ce culte principalement féminin a longtemps intrigué l'Église. Voire même il l'a contrariée. On s'est méfié d'Expédit. Sa « familière étrangeté » pose trop de questions. Et l'on sent qu'Eusèbe s'en est rendu compte. On sent qu'il a retenu son calame, ce roseau taillé utilisé dans l'Antiquité pour écrire, traçant la vie d'Expédit à mots choisis, pesés… À cette taciturnité du savant répond la volubilité de la légende transmise de mère en fille depuis des siècles. Mais, dans les deux cas, le mystère demeure. D'ailleurs, il commence par le nom même d'Expédit.

Elpidius, Expéditus

Elpidius… selon certaines sources parfois anciennes, Expéditus serait une déformation de ce prénom romain venu du grec. Nous verrons aussi qu'il y a bien d'autres mystères en ce nom. Et nous comprendrons que saint Expédit est décidément passionnant !

Elpidius signifie « espoir » et a donné *hilfe* en allemand, *help* en anglais : le secours, l'aide. Une allégorie nommée Elpidius aurait engendrée l'espérance. Cette tradition tenace existait encore en France au XVIIe siècle. On peut en juger, entre autres, d'après cet extrait des *Emblèmes* d'André Alciat, paru en 1531, dont nous avons gardé la savoureuse orthographe ancienne :

Quels pinceaux ont pour trait ceste gente Déesse,
Qui la face à riante, & monstre à tous liesse ?
Elpidius me fit, Espérance on me nomme,
Prestant à coup mon bien à tout misérable homme.

Une note, en bas de page, précise :

Quelqu'un regardant avec admiration l'effigie d'Espérance fait ceste demande, (…) Quel est cet oiseau qui t'accompagne ? C'est la Corneille, oiseau fidèle, qui monstre une certaine espérance : car ne pouvant dire, il est, elle dit, il sera : criant ordinairement cras, cras, c'est-à-dire demain, demain.

Cras

Elpidius, père de l'espérance… Et c'est bien cette espérance qui constitue le recours particulier à Expédit ! Ou Elpidius ! Car le doute persiste sur ce prénom fort significatif. Avant d'y revenir, attardons-nous sur la très riche symbolique du corbeau…

Oui, *cras* en latin est à la fois le cri du corbeau et le mot désignant le lendemain, le jour qui suit aujourd'hui, *hodie*, toujours en latin. Et, sur les représentations, gravures et statues de saint Expédit, on le vit écrasant un corbeau, parfois criant « cras » tandis qu'il est accompagné de la croix du Christ.

Mais à la place de la mention I.N.R.I, on découvre le mot hodie : La croix, triomphante, célèbre le jour même tandis que le corbeau ou la corneille écrasé expire en criant « demain »… Le tout forme une allusion à une phrase antique, généralement gravée sur les pierres tombales : *hodie mihi, cras tibi*, soit « moi aujourd'hui, toi demain », indiquant que la mort est universelle. Edgar Poe s'est souvenu de cette phrase dans son poème *The Raven*, (Le Corbeau) où le corbeau cite « jamais plus », ce qui est une sorte d'ironie par rapport à la sentence classique.

En écrasant le corbeau, Expédit conjure le mauvais sort, ce qui illustre son pouvoir sur l'inéluctable : c'est le saint des causes désespérées ! Il agit sur le « mauvais sort », dans la croyance populaire… Mais la thématique du corbeau est vaste et vient de loin.

Symbolique du corbeau

Dans la *Genèse*, le corbeau est envoyé par Noé pour chercher la terre après le déluge. Mais le corbeau n'a pas annoncé, à son retour, la fin du Déluge, et passe donc pour un jouisseur. Saint Golowin prétend qu'au Paradis les corbeaux avaient des ailes multicolores. Hélas, après la chute d'Adam et Ève, ils ont commencé à se nourrir de charognes. Leur plumage est devenu noir.

À la fin des temps, les corbeaux retrouveront au Paradis leur beauté perdue, et leurs croassements discordants deviendront chants harmonieux pour louer le Seigneur.

Le corbeau, annonciateur est défaillant. Sa proximité de la mort le rend maudit. Il devient noir. Et saint Expédit conjure cette symbolique néfaste. Mais à ce négatif, correspond un positif, celui de la nutrition.

Car le corbeau apporte du pain dans le désert au prophète Isaïe, ainsi qu'aux ermites Antoine et Paul. De nombreux saints chrétiens sont accompagnés de corbeaux : Benoît, Boniface, Oswald et Meinrad, par exemple. Saint Vincent fut défendu de l'attaque des carnassiers par des corbeaux. Le double jeu du corbeau nous entraîne dans une concaténation symbolique complexe. Être nourri, c'est survivre, c'est l'avenir, même si c'est par le truchement d'un corbeau : Demain existe, mais il y aura bien un jour dernier... Et, selon la volonté de Dieu, saint Expédit peut tout, sauf vaincre la mort, ce qui est le privilège et la mission du Christ. De lui seul.

En Grèce

Dans la Grèce antique, le corbeau était considéré comme bavard impénitent. C'est pourquoi Athéna l'a remplacé par la chouette. Le corbeau est consacré à Apollon, c'est un messager des dieux, et il rempli des fonctions prophétiques (l'emplacement de l'omphalos de Delphes aurait été déterminé par des corbeaux). Le plumage originellement blanc du corbeau devint noir suite à une malédiction lancée sur lui par Apollon, pour le punir de ses indiscrétions.

Malgré cela, le corbeau reste le compagnon préféré du Dieu Soleil. Une autre légende explique pourquoi Apollon a transformé le corbeau en une constellation d'étoiles du même nom : Apollon envoya l'oiseau dans un monde aquatique afin d'accomplir une mission, mais le corbeau apercevant un figuier dont les fruits n'étaient pas encore mûrs, se posa près de l'arbre pour attendre que les fruits mûrissent au lieu de remplir sa mission. Apollon entra en colère et le transforma en constellation.

Le sort vaincu

Comme on le voit, le corbeau est lié aux étoiles… et sera un emblème pour l'astrologie. Mais non un signe du zodiaque ! Il semble qu'il y ait, en ce volatile, quelque chose de trop puissant… Et d'ailleurs, l'observation de la constellation éponyme ne va pas toujours sans un certain trouble.

C'est-à-dire qu'il est encore lié au sort. Saint Expédit, en le détruisant, détruit à la fois l'inéluctable et la superstition. C'est œuvre de foi. Le corbeau, on le voit, sature le légendaire. Il nous faudra y revenir. Car au deuil succède la renaissance, au désespoir la recouvrance… Et l'espérance chrétienne a su dépasser les séductions de Mithra…

Car le corbeau fait aussi partie des attributs de Mithra, et il est réputé capable de conjurer les mauvais sorts. Il y a, là aussi, une sorte de prémonition de la mission d'Expédit, patron des causes désespérées, qui peut inverser la malchance et redonner l'espérance. Ou plus simplement l'espoir…

Espoir et espérance

Causes « désespérées »

Il est de tradition que saint Expédit ne soit jamais invoqué pour des choses banales ou triviales. On ne le prie pas pour des petits désagréments. Il exauce les grands malades. Il est indécent de l'appeler pour un petit rhume… On dit même qu'il peut devenir hostile lorsqu'on se permet de lui demander quelque broutille ! Il faut prendre conscience que sa « spécialisation » dans les « causes désespérées » interdit qu'on en use à sa guise, comme une sorte de tranquillisant en cas de « petit bobo ». C'est pourquoi nous devons bien prendre conscience de la différence qui existe entre l'espoir et l'espérance. L'un peut être déraisonnable. L'autre touche au plus profond de l'être.

Transcendance

S'adresser à saint Expédit est encore autre chose. La dévotion « populaire » n'est pas entièrement faite de demandes avec offrandes, le tout suivi d'actions de grâce lorsqu'on est exaucé. Il existe un autre rapport avec les saints. Celui de la quotidienneté. Ce qui change tout ! Car, en effet, Expédit peut devenir le compagnon constant, la présence invisible et rassurante qui donne à la vie un peu moins d'inquiétude. De plus, il ne faut pas considérer ceci comme un paganisme. Si cela peut nous faire penser aux lares, aux pénates, n'oublions pas qu'il existe une profondeur chrétienne qui transcende le tout !

Saints « familiers »

Il y a ainsi un certain nombre de saints et de saintes que bien des fidèles gardent « dans leur cœur » et auxquels ils s'adressent, sans cérémonie, directement, d'une façon confiante, amicale et familière. Le plus curieux est qu'il s'agit souvent de saints dont les domaines d'intervention touchent aux événements graves, aux réels dangers ! Cette dévotion quotidienne est faite de confiance et convient aux âmes simples comme aux tourmentées : la grande bonté d'Expédit, jointe à sa commisération, à sa compassion, à sa sollicitude ne peut que se montrer bénéfique. Et certes, cet « accompagnement » sur la voie de la vie, le chemin d'Abraham n'est pas du même ordre qu'un appel inutile pour un désagrément dont on peut très bien se défaire tout seul !

L'espérance...

L'espérance... saint Expédit exauce ceux qui le prient en des situations désespérées. Il leur redonne l'espoir, mais aussi, il peut les faire accéder à l'espérance, qui est une vertu. Une vertu dite « théologale ». Les trois vertus théologales complètent le groupe de quatre vertus cardinales, humaines (prudence, tempérance, force et justice.) Leur ensemble est parfois appelé celui des sept vertus catholiques.

Ces trois vertus théologales sont la foi, l'espérance et la charité. Elles tirent leur origine de la fameuse trilogie paulinienne que l'on doit lire (1 Corinthiens 13, 13) : « Maintenant donc, ces trois-là demeurent, la foi (pistis), l'espérance (elpis) et l'amour (agapè) mais l'amour est le plus grand. » Elles sont nommées théologales pour la raison qu'elles qualifient la relation de l'homme à Dieu. Et le langage des uns vers l'Autre.

Espérance et espoir

L'espérance se distingue de l'espoir qui porte sur des objets concrets. On peut avoir perdu tout espoir en une guérison prochaine ou garder l'espoir d'une solution politique d'un conflit social. En revanche, quel que soit l'espoir qui nous habite à l'égard de telle ou telle réalité humaine, il est tout à fait possible de ne pas perdre l'espérance en notre Dieu qui nous a promis son amour et manifesté un salut en son fils Jésus-Christ. L'espoir s'estime à l'aide de la raison. L'espérance se vit sous le regard de la foi ! L'objet de l'espérance est le salut, le bonheur béatifique, la participation à la gloire de Dieu.

L'espérance peut et doit, chez le mystique, remplir toute une vie. Elle est le « pain de l'âme » et procède de la chair même du Christ, de son sacrifice. Ce fut l'énergie invincible qui mena les martyrs au supplice. Celle même d'Expédit allant vers la mort en proclamant sa foi !

La raison et la foi

L'espoir procède de la raison. L'espérance participe de la foi. Les deux ne sont pas interchangeables. Il faut bien se méfier de ne pas les confondre. Lorsque vous écoutez quelqu'un vous dire que la situation est désespérée, ce n'est pas pareil que d'entendre un homme en bonne santé vous dire que pour lui il n'y a plus rien à faire. Le verbe désespérer peut renvoyer aux deux réalités et il importe d'entendre laquelle s'exprime.

Avec Expédit, nous comprenons mieux la clarté des dévotions profondes. Espoir et espérance sont construits tous deux sur le même radical latin : *spes*. C'est un autre nom de la foi.

Le culte de saint Expédit

Nom et reliques

Revenons à l'appellation même de saint Expédit. Après la possibilité d'Elpidius, nous voici devant un problème d'authenticité de reliques ! Il convient d'en parler pour mieux faire comprendre qu'avec Expédit, décidément, rien n'est simple.

Certains attribuent ce nom à une caisse de reliques adressée par Rome à une chapelle de Paris. L'inscription italienne espedito (expédié) était inscrite sur la caisse. Et les religieuses qui la reçurent supposèrent qu'il s'agissait des ossements de ce saint. Et qu'une chapelle devait être consacrée à saint Expédit.

D'autres racontent que ces faits se déroulèrent à la Réunion, où le culte d'Expédit est important. À tel point qu'il existe au moins une autre version sur son origine : les autorités religieuses de la Réunion auraient demandé au Vatican de leur envoyer les reliques d'un saint influent pour en faire le Saint patron de l'île, et la caisse aurait porté le mot « expédit ».

« Recommandé » ?

Aussi, certains parmi les autorités de l'Église s'interrogèrent sur l'existence même du saint ! On en vint même à penser que saint Expédit aurait été inventé par erreur par ce groupe de sœurs Parisiennes qui reçurent de Rome des reliques emballées dans un paquet sur lequel était écrit « in expedito ». Sans mention de quel saint provenaient ces reliques. Voici qui nous paraît tout de même étrange! On n'imagine pas le Saint-Siège envoyer des ossements sans autre précision! Il semble, par ailleurs, que les malheureuses religieuses n'étaient pas très malines! Confondre une mention postale avec le nom d'un saint paraît peu probable! Ou alors il faut s'imaginer que notre saint aurait pu se nommer « recommandé »!

Le culte de saint Expédit

Expédit semble avoir été vénéré dès son martyre en Arménie, là où il fut torturé, puis exécuté. Son culte fut sans doute plus fréquent en terre d'orthodoxie que dans le monde catholique romain. Cependant, en Italie, en Espagne, on en trouve de traces dans la tradition orale. Il fut vénéré en Sicile et son culte, dans cette partie du monde, s'est renforcé à Naples au XVIIe siècle.

Ensuite, cette vénération s'est répandue dans les pays d'Allemagne du Sud, en Bavière puis en Autriche. En France et en Espagne saint Expédit devint extrêmement populaire dès le XVIIe siècle.

Mais, toujours en France, ce fut entre 188 et 1930 que le saint Expédit devint fort célèbre et très vénéré. Au début, c'était une pratique méridionale: on trouve des documents, des statues en Provence, en Languedoc, en Corse. Ensuite, cette dévotion se répandit au Nord-Ouest de la France. Puis dans le Nord, en Flandres, à Arras, à Valenciennes.

Et l'on trouve aujourd'hui des témoignages de cette ferveur particulière un peu partout: au cœur de Lyon, en l'église Saint Nizier, les pèlerins prient autour d'une grande statue de saint Expédit. De très nombreux ex-voto témoignent encore du culte voué au légionnaire romain.

On trouve une autre statue dans l'église de Saint-Geniès-de-Comolas, dans le Gard. Et encore une, avec ex-voto contemporains à l'abbaye aux dames de Caen. Une troisième est visible dans l'église Saint Roch, rue Napoléon, à Bastia, en Corse. De même, on trouve une statue de saint Expédit dans l'église Saint Barnabé de Saint Nauphary. Tout ceci montre que le culte de saint Expédit est ancien et bien attesté. Et que le nom même d'Expédit côtoie depuis longtemps l'appellation « Elpidius »

Reliques et réalités

De ce fait, et même si l'on n'est pas certain de l'attribution des reliques, on est revenu sur la mise en doute de l'existence d'Expédit. Elle est confirmée par Eusèbe de Césarée mais aussi par d'autres auteurs ecclésiastiques, érudits, historiens.

Les reliques ? On sait que beaucoup sont fausses et que des escrocs vendirent, durant l'Antiquité tardive, mais aussi au Moyen Âge, des quantités d'ossements en les attribuant à tel ou tel saint, selon la demande. On s'est même amusé à faire des comptes pour découvrir, par exemple, qu'on trouve des fémurs de saint Blaise dans un grand nombre d'églises. Et que ce saint devait avoir beaucoup de jambes ! Trop pour un seul homme ! Certains autres ont ainsi plusieurs têtes, etc.

L'Église s'est fait une raison et la relique est considérée comme un support de la foi, de la prière, au même titre qu'une statue, un tableau. Tout en considérant qu'il ne faut pas oublier qu'il existe aussi de véritables reliques.

Cela dit, on se perd en conjectures sur la question de savoir à quel saint appartenaient les reliques que les sœurs de Paris auraient reçues. Ou à qui elles étaient attribuées...

Ambiguïtés du culte de saint Expédit

Saint Expédit est un saint exigeant. Certes, il est celui qui guérit, celui qui aide à trouver du travail, à obtenir un prêt. Il aide les indécis à se défaire de la terrible procrastination, les timides à oser. Expédit favorise les audacieux. Il aide ceux qui cherchent l'âme sœur. Il vient à la rescousse en cas de gêne financière. Il exauce promptement les prières. Il favorise la réussite à l'examen du permis de conduire, entre autres. Mais il demande des contreparties. Généralement, il s'agit d'une plus grande régularité dans la pratique religieuse : il n'est pas le saint de ceux qui se disent « croyants, mais non pratiquants » ! Mais il est d'autres « pactes », plus ou moins fréquents entre Expédit et les fidèles…

Dans les chapelles de la Réunion, par exemple, en contrepartie des bienfaits d'Expédit des promesses sont prononcées. Et l'on doit s'y tenir dans les délais les plus brefs, que la grâce soit exaucée ou non. Ces bienfaits consentis ou refusés créent un lien de dépendance entre le saint et celui qui le prie. Il ne peut plus guère s'en défaire. Ne pas accomplir ce qu'on a promis à saint Expédit expose de perdre ce qu'il a donné. À jamais.

On trouve cette situation particulière en bien d'autres lieux. Des légendes nous informent de la dangerosité du parjure envers saint Expédit. Et c'est aussi une des raisons de la méfiance de l'Église envers ce saint si renommé…

Abus

En Amérique du Sud, comme à la Réunion, son culte se mêle parfois de sorcellerie. Ce qui arrive, à un moindre degré, dit-on, en Corse ou en Italie du Sud et même dans la profondeur catholique des coins perdus de la Flandre belge, pays de « sorcières » aux paysages mystérieux.

S'il apparaît effectivement que beaucoup de fidèles demandent âprement des choses peu licites et se sentent liés d'une façon magique à Expédit, il faut raison garder. Certains malheureux n'ayant pas pu tenir leurs promesses de répartie sont devenus malades, ont vécu des terreurs allant jusqu'au délire obsessionnel ! Saint Expédit n'est alors plus l'objet d'un culte populaire fait de dévotions parfois naïves, mais saines. Nous en arrivons à des pratiques magiques, souvent malsaines et qui procèdent souvent plus du domaine de la psychiatrie que de celui de la foi !

La prière protège

Ceci ne doit pas nous inquiéter : Il en est de même pour d'autres saints, moins « mystérieux », comme sainte Rita, elle aussi « sainte des causes désespérées ». Le fait que certains fidèles puissent sombrer dans la superstition ou la « sorcellerie » n'empêche absolument pas que chacun d'entre nous puisse veiller à conserver la rigueur de la foi sans devenir la proie de délires magiques intempestifs ! La prière, de toute façon, dès qu'elle est fervente autant qu'assidue, nous préservera de ces errements fâcheux.

Offrandes…

L'Église autorise, de toute façon, la dévotion à saint Expédit. Mais elle n'en demeure pas moins particulière. Ce qu'Hortense Dufour montre bien dans son ouvrage déjà cité : Expédit demeure le saint patron des gens ordinaires et plus généralement déshérités. Ce qui se ressent dans les offrandes ! Les sanctuaires de la Réunion entre autres, sont touchants : on offre le peu que l'on possède à saint Expédit. Des fleurs, bien sûr, des cierges. Mais parfois un morceau de tissu, une pièce de monnaie ou même une cigarette ou une canette de bière !

Comme on le voit, saint Expédit nous emmène sur de curieux chemins. Il propose même une sorte de quête : ces mystères portent un sens. Il n'est pas forcément le même pour chacun d'entre nous.

Le culte de saint Expédit à la Réunion

Un légionnaire romain dans l'océan Indien

Comment saint Expédit a t-il pu devenir l'objet d'un culte fervent à la Réunion ? On ne voit pas, en effet, pourquoi ce soldat romain « parle » tant aux habitants de ce département français de l'océan Indien. Et pourtant ! La ferveur est sans faille et saint Expédit est présent, quotidiennement, familièrement...

On ne saurait parler de cette île, de sa culture, de ses coutumes sans mentionner ce fait. Le légionnaire romain, le soldat d'élite, membre exemplaire de la douzième légion, dite « fulminante » y est omniprésent !

Historique du culte de saint Expédit à la Réunion

Il semble que certains militaires, durant la prise de possession de l'île, aient déjà apporté avec eux la vénération d'Expédit : c'est un saint populaire dans l'armée. Soldat, il est prédestiné à protéger les hommes de guerre. Cependant, ce culte n'était pas répandu au même point qu'aujourd'hui avant 1930. Aussi faut-il chercher une autre cause à cette popularité surprenante. Et cette cause a un nom : Madame Chatel.

La légende dit que, dans les années vingt du vingtième siècle, cette réunionnaise se trouvait à Marseille. Une épidémie empêchait les départs de navires. Et Madame Chatel voulait rentrer chez elle. Désemparée, elle chercha longtemps une solution. Sa situation semblait désespérée. Elle en parla autour d'elle. On lui conseilla de prier saint Expédit, le saint des causes difficiles, impossibles, désespérées. Elle suivit cet avis et fut exaucée rapidement.

Une fois rentrée chez elle, Madame Chatel voulut témoigner sa reconnaissance et décida de convaincre les autorités catholiques réunionnaises de bâtir un sanctuaire dédié à saint Expédit. En attendant, elle demanda qu'on installe une statue d'Expédit en l'Église Notre Dame de la Délivrance à Saint-Denis. Ce qui fut fait.

Constructions de sanctuaires

Grâce à cette ardente fidèle, devenue propagandiste, on construisit, en 1938, la première chapelle dédiée à saint Expédit à Saint-Philippe, puis une autre à Saint-Benoît. Dès lors, le culte s'est répandu de façon rapide. À ce moment la majorité des chapelles étaient d'ordre privées et devaient leur édification à la ferveur populaire spontanée. Le culte se développa d'abord en dehors des autorités religieuses...

Puis il y eut des sanctuaires plus officiels, mais peu nombreux. Il faudra attendre le concile Vatican II pour que de nombreux oratoires soient érigés. Il y eut des miracles, pas toujours reconnus par l'Église. Ce qui transforma certains sanctuaires en lieux de pèlerinage.

Culte public, culte privé

Aujourd'hui, d'innombrables autels dédiés à saint Expédit bordent les routes réunionnaises. En 1997, 340 oratoires ont été recensés dans l'île. Mais il ne faut pas oublier que beaucoup de familles réunionnaises possèdent un oratoire privé à domicile. On peut voir, dans les villes une ou deux chapelles consacrées à saint Expédit. Cependant, la plupart se situent au bord des routes, dans les radiers, en zone rurale.

La couleur rouge : le sang, la vie, la mort

Ce sont souvent de petites chapelles, de minuscules oratoires dans lesquels il y a juste la place d'une statue de quelques dizaines de centimètres de haut. On y trouve des cierges, des ex-voto. L'ambiance y est particulière et peut surprendre par la couleur rouge sang qui couvre les parois.

Cette couleur rouge est associée aux pratiques malabares. C'est la couleur du sang, de la vie et de la mort, selon la double valeur, positive et négative à la fois de la symbolique. Si cette couleur rappelle la blessure, la violence des champs de bataille où excellait le légionnaire qui allait devenir saint Expédit, on associe aussi cette couleur, cette symbolique funeste à la déesse Kali ou à Mardé Vira, déité représentant la richesse et la force.

Un saint « social »

Expédit est extrêmement populaire dans l'île. Non seulement par le nombre de ses protégés, mais aussi du point de vue social. C'est le saint des pauvres, des humbles, des misérables. Voire des réprouvés.

Certes, cette « spécialisation » est courante en beaucoup d'autres lieux, puisque Expédit préside aux causes désespérées. Mais la misère semble plus âpre à la Réunion, plus profonde, plus répandue. L'histoire de l'île en est sans doute la cause, avec le souvenir de l'esclavage et la ségrégation. De plus, le chômage sévit fortement.

Si l'on trouve, ça et là, des oratoires de dimensions plus importantes, il ne faut pas en déduire que cette dévotion « va de soi ». C'est le cas, en effet, pour les malheureux, les misérables. Mais, de ce fait, il est « mal vu », dans certains milieux, de vénérer Expédit. Ce n'est pas le saint de la petite bourgeoisie, blanche ou noire, et a fortiori des riches propriétaires. Encore que l'on puisse trouver des exceptions... Cependant, beaucoup préfèrent qu'on ne sache pas qu'ils prient ce saint. D'autres se cachent et attendent la nuit pour venir prier. Expédit, ici comme ailleurs, demeure un saint « à part ».

La jovialité du caractère réunionnais ne doit pas nous cacher la situation économique souvent fort difficile de la population locale. La joie, la gaîté, la musique sont aussi des actes de résistance et de courage face à de graves disparités économiques, sociales autant que culturelles. Cette force populaire, précieuse, fervente a besoin de soutien, d'aide, de compréhension. Et saint Expédit, par son immense mansuétude comme par sa compassion semble correspondre à la demande de ceux dont la vie est dure.

Une foi exigeante !

On a vu qu'il s'agit d'un saint familier, proche des gens. On a vu qu'il est aussi une sorte de « compagnon de route » pour beaucoup de chrétiens : on se confie à lui, on lui parle comme à un ami. On a vu aussi que cette proximité n'empêche pas qu'il faille absolument éviter de lui demander son intercession pour des choses triviales, pour de « petits malheurs », pour des « bobos ».

Ce qui n'empêche pas de s'adresser à lui d'une façon rude s'il ne daigne pas exaucer les prières. Ce rapport entre le fidèle et le saint existe dans beaucoup de régions. Mais il prend, à la Réunion, un tour particulier, résolument païen. En effet, il arrive qu'à l'intérieur des oratoires, parmi les ex-voto, les morceaux de tissu rouge et les images du saint, on remarque des statues brisées, abîmées ou décapitées. Comme en certaines régions de Sicile, les fidèles qui ont été déçus par le saint s'en vengent. Cependant, contrairement à ce qui peut arriver dans d'autres contrées, les statues de saint Expédit, à la Réunion, ne sont jamais retournées, déplacées, entièrement détruites ou jetées.

Foi, magie, sorcellerie, superstition...

Oui, comme en Europe, comme en Amérique latine, on observe, spécialement dans le monde rural réunionnais, une dévotion populaire teintée d'un reste de cultes anciens. La foi s'y mêle parfois de superstition. En Italie, on retrouve des formules de prières datant de l'époque romaine et dont les documents anciens, s'adressaient aux divinités païennes. Elles ont été adaptées au culte chrétien et font maintenant partie des prières habituelles. Il en est de même pour certains rituels que l'Église tolère sans toutefois toujours les approuver. La dévotion réunionnaise à saint Expédit exacerbe cette tendance. Et ceci pour des raisons historiques, culturelles et sociales.

Syncrétisme

En effet : la diversité de la population réunionnaise fait que le catholicisme y est souvent devenu un syncrétisme religieux. La tradition chrétienne se mélange aux cultes anciens, à ceux venant de Madagascar comme de l'Inde. À ceci s'ajoutent des influences tamoules et des traces de sorcellerie. Lesquelles peuvent provenir de pratiques européennes, telles qu'on les trouve dans *Le Grand et le Petit Albert* ouvrage fort répandu, comme des traditions africaines, indiennes, etc. Bref, le culte de saint Expédit à la Réunion reflète parfaitement l'histoire de la population de l'île.

Pratiques peu recommandables

Bien évidemment, nous ne saurions ici approuver et encore moins recommander ce genre de pratiques. Il importait cependant de les mentionner, car elles montrent ce que représente saint Expédit pour certaines âmes simples ou influençables.

Cependant leur existence même témoigne de l'importance d'Expédit pour les gens de peu, hommes et femmes de misère, d'angoisse, de précarité mais qui gardent en eux-mêmes encore un peu d'espérance malgré le malheur. Et dont la foi, certes différente du dogme officiel, n'en est pas moins profonde et sincère. Il semble qu'Expédit leur soit comme prédestiné.

Et, si nous devons nous garder de certains errements, ne condamnons pas : Jésus a pardonné bien d'autres fautes tandis que ces « hérésies locales viennent plus d'un « déficit culturel », de l'ignorance que d'une réelle volonté de s'opposer à la rigueur évangélique.

Sectarisme, vénalité, hérésie

Cela dit, il existe, certes, des pratiques de sorcellerie inexcusables. Des groupements sectaires et vénaux peu recommandables qui se livrent, par exemple, à de sanglants sacrifices d'animaux. Et qui soutirent des sommes parfois importantes à de pauvres gens, augmentant ainsi leur misère comme leur désarroi. Certains s'endettent pour acheter un « gri-gri » ou une médaille sans valeur dans l'espoir d'améliorer leur situation. Ces errements désastreux sont, hélas, la contrepartie malsaine de l'admiration que suscitent certains saints, dont Expédit. Amère rançon d'une gloire rayonnante, elle doit être combattue sans faiblesse ! Pour la plus grande gloire du Seigneur. Et pour le respect dû à l'admirable saint Expédit dont la sollicitude n'a jamais eu de limite. Car il exauce toujours ceux qui le prient avec sincérité.

Les Prières
à
saint Expédit

I. Prières diverses

Prière quotidienne à saint Expédit

Prière quotidienne, rituel rassurant : cette simple adresse doit nous rasséréner. On la prononce dès le matin. Et si nous savons la penser fortement, la ressentir du fond du cœur, notre journée en sera éclairée.

Cette prière peut aussi se prononcer à tout moment de la journée. Parfois, de mauvaises pensées nous agressent ou encore ressentons-nous soudain une angoisse ou un découragement. Le recours à cette prière est alors souverain…

Il ne faut pas hésiter à prier à haute voix, quand c'est possible. Certes, ce serait difficile sur un lieu de travail où l'on se trouve en groupe ! À moins que les collègues partagent notre foi… La prière silencieuse est alors requise…

N'oublions pas qu'il y a plusieurs façons de prier. Elles se rejoignent, certes, dans la ferveur dirigée vers la gloire du Seigneur et de ses saints. Mais, pour le fidèle, elles permettent de mieux explorer sa dévotion personnelle. Les prières murmurées produisent une autre intériorité que les prières silencieuses. Et la prière à haute voix est encore différente quant à sa puissance d'imprégnation dans un cœur chrétien.

Il existe, de plus, des façons plus rares de prier qu'il peut être bon d'expérimenter. Par exemple, certains saints ont parlé de « rumination », désignant ainsi un murmure lucide accompagnant un état de repos de la raison consciente qui peut aller jusqu'à une sorte d'hypnose... C'est à chacun de voir, d'explorer, de se comprendre en Dieu, de comprendre Dieu en soi, pour sa plus grande gloire.

Il convient de pratiquer différentes manières de prier. Et ceci, parfois, avec le même texte de prière. Cela donne comme un changement de « point de vue » et permet de mieux se connaître au cœur de l'élan qui nous porte vers l'adoration de la grandeur divine. La foi y découvre sa profondeur et l'être en est tout illuminé.

La prière qui suit se prête particulièrement à cet exercice: sa simplicité nous aide à mieux percevoir ce qu'il en est de nous-mêmes, dans notre personnalité de chrétien.

Prière de tous les jours

Seigneur, en ta miséricorde infinie,
Donne-moi le repentir.
Et vous, tous les saints,
Intercédez pour moi qui suis pécheur.
Priez pour moi, afin que j'obtienne le pardon.
Car il vous revient d'intercéder pour les pécheurs,
qui désespèrent de la miséricorde de Dieu.
Ô vous qui avez achevé votre combat,
Accourez à notre secours...

Et vous, saint Expédit qui par votre courage
Avez su mener digne et sainte vie,
Prenez pitié de moi, de ceux qui me sont chers...
Le chemin de la vie est parsemé d'embûches,
Aidez-nous à le parcourir
Dans le respect de la Sainte Loi du Seigneur

En suivant votre incomparable exemple
De fidèle impeccable…

Au nom du Père, du Fils et du Saint-Esprit,
Ainsi soit-il.

Prière à saint Expédit

Voici une prière ancienne et fort répandue. On n'en connaît guère l'origine, mais on sait qu'il en existe des versions en de nombreuses langues.

Oraison

Expédit, nous venons à toi soldat de Dieu, serviteur du Christ, témoin de son Évangile et pasteur de son église.

Expédit, prends pitié de nous !
Expédit, veille sur nous !
Expédit, écoute-nous,
Expédit, protège-nous,
Expédit, exauce-nous !

Bien que nos péchés soient nombreux et courroucent le Seigneur,
Nous te prions : Tu étais présent à Dieu
dans le grand silence des nuits solitaires.
Donne-nous de lui rester fidèles
dans la foi et la prière.

Expédit, prends pitié de nous !
Expédit, veille sur nous !
Expédit écoute-nous,
Expédit protège-nous,
Expédit exauce-nous !

Bien que nos péchés soient nombreux et courroucent le Seigneur,
Aide-nous à partager avec nos frères.
Prends-nous en ta garde et protège-nous du mal.
Tu n'as point refusé le martyre
Fais que nous soyons dociles à la volonté du Père.

Expédit, prends pitié de nous !
Expédit, veille sur nous !
Expédit écoute-nous,
Expédit protège-nous,
Expédit exauce-nous !

Bien que nos péchés soient nombreux et courroucent le Seigneur,
Au ciel de gloire, tu jouis de ton repos dans la maison de Dieu.
Mets en nos cœurs le désir de te rejoindre et de connaître près de toi la joie de l'éternité bienheureuse.

Expédit, prends pitié de nous !
Expédit, veille sur nous !
Expédit écoute-nous,
Expédit protège-nous,
Expédit exauce-nous !

Bien que nos péchés soient nombreux et courroucent le Seigneur,
Nous savons que par la puissance de ton intercession, tu sauras plaider notre cause malgré notre indignité !

Expédit, prends pitié de nous !
Expédit, veille sur nous !
Expédit écoute-nous,
Expédit protège-nous,
Expédit exauce-nous !

Bien que nos péchés soient nombreux et courroucent le Seigneur,
Toi qui as connu les épreuves les plus rudes, viens à notre secours pour atténuer ou faire disparaître celles que nous vivons.

Expédit, prends pitié de nous !
Expédit, veille sur nous !
Expédit écoute-nous,
Expédit protège-nous,
Expédit exauce-nous !

Bien que nos péchés soient nombreux et courroucent le Seigneur,
Nous te prions de nous faire triompher de la tentation afin d'être plus à même de servir le Christ !

Au nom du Père, du Fils et du Saint-Esprit,

Ainsi soit-il.

Invocations et psychomachies à saint Expédit

L'invocation... La racine latine de ce mot est vox, « la voix ». La voix humaine. Celle qui s'élève des profondeurs vers la lumière de Dieu. Celle qui s'arrache aux ténèbres du monde d'en-bas pour aller vers le ciel.

Dans « invocation », on retrouve aussi « vocation » : c'est l'appel. C'est la ferme prononciation du vœu, autre mot de même radical.

En priant, nous invoquons Dieu et saint Expédit, nous l'appelons à notre secours et nous lui faisons part de notre vœu de devenir meilleur dans le respect de la Sainte Loi et pour la plus grande gloire du Seigneur, notre père, Créateur du ciel et de la terre.

Cette prière doit être comprise dans ces sens : Il s'agit de notre voix, physique, sonore ou intérieure. De notre parole donnée en toute confiance à saint Expédit qui nous aidera, qui nous protégera pourvu que notre cœur soit pur et nos intentions sincères.

Invocation

Admirable saint Expédit, vénérable soldat, sois mon protecteur au nom de Dieu, Créateur du ciel et de la terre et qui a voulu, pour notre salut que son propre fils, engendré non pas créé mourût atro-

cement sur la croix d'infamie réservée normalement aux esclaves rebelles et indociles.

Intercède pour moi auprès de Dieu, l'Unique en trois personnes, ô saint Expédit, car je ne suis qu'un pauvre pécheur et que mes mauvaises actions m'effraient ! Ma faiblesse est indigne de ta miséricorde, mais du fond de ma détresse, je t'implore de me secourir car je suis sincère malgré mes fautes innombrables...

Tu as connu les combats et l'horreur de voir les hommes dressés les uns contre les autres dans le désir abject de tuer. Tu as connu l'exaltation mauvaise des grandes batailles et les frénésies impies des adorateurs d'idoles. Mais tu as su ouvrir ton cœur et recevoir la flamme éternelle de la miséricorde divine...

Intercède pour moi auprès de Dieu, l'Unique en trois personnes, ô saint Expédit, car je me rends compte que ma faiblesse est immense et que, malgré mes bonnes résolutions, je ne puis résister à la tentation ! Ma faiblesse est indigne de ta miséricorde, mais du fond de ma détresse, je t'implore de me secourir car je suis sincère malgré mes fautes innombrables...

Généreux guerrier, miséricordieux dans les combats et dont la puissance se montre charitable en temps de paix comme aux pires moments des chaos effrayants, veuille bien intercéder pour moi afin que mes péchés n'irritent pas trop notre Seigneur et qu'Il m'accorde sa bienveillance !

Intercède pour moi auprès de Dieu, l'Unique en trois personnes, ô saint Expédit, car je me rends compte que la tentation a trop souvent raison de mes efforts et que, malgré ma volonté d'y résister j'y cède malgré moi, à ma grande honte ! Ma faiblesse est indigne de ta miséricorde, mais du fond de ma détresse, je t'implore de me secourir car je suis sincère malgré mes fautes innombrables...

Tu as marché droit vers le supplice, la tête haute, prêt à affronter les pires tortures en l'honneur du Christ, le Roi du monde. Ta fermeté fut admirable et ma vénération t'est acquise par la grandeur infinie de ton précieux sacrifice. Car il est juste et bon de te glorifier, toi dont les mérites resplendissent à jamais pour la plus grande gloire de Dieu.

Intercède pour moi auprès de Dieu, l'Unique en trois personnes, ô saint Expédit, car je désire sincèrement m'amender et cheminer la tête haute sur la Voie Royale, le chemin d'Abraham qui mène à la Vie Éternelle. Ma faiblesse et indigne de ta miséricorde, mais du fond de ma détresse, je t'implore de me secourir car je suis sincère malgré mes fautes innombrables…

Vénérable saint qui osa demeurer ferme dans la foi malgré les périls et les tourments, sache que je me décide à mener plus sainte vie dans le respect de la loi divine et que je promets de ne plus m'égarer sur le chemin du péché. Aide-moi, par ta sublime intercession à atteindre ce but.

Intercède pour moi auprès de Dieu, l'Unique en trois personnes, ô saint Expédit, car je veux être digne de plaire à Dieu par une conduite moins mauvaise afin de devenir digne du séjour de gloire, que nous a promis Jésus, le Fils, le Christ Roi qui a donné sa vie, qui est mort dans d'épouvantables tourments afin de nous sauver, pauvres pécheurs indignes de son immense sollicitude. Ma faiblesse est indigne de ta miséricorde, mais du fond de ma détresse, je t'implore de me secourir car je suis sincère malgré mes fautes innombrables…

Gloire à Dieu par les siècles des siècles !

Ainsi soit-il.

Invocation à saint Expédit : Psychomachie

Cette prière incite au combat intérieur, que l'on appelle aussi psychomachie, terme venant du grec dans lequel on reconnaît la racine *psycho*, désignant l'âme, la « psyché » et le suffixe *machie* qui signifie « combat » comme, par exemple, dans le nom « tauromachie » (littéralement : « combat avec un taureau ».) Il s'agit de lutter en son âme, en son for intérieur contre toute tendance et tentation qui nous éloigne de la rigueur chrétienne et de l'amour de Dieu.

Chacun de nous doit se livrer une guerre intime afin de combattre l'ennemi. Saint Expédit, magnifique soldat, saura nous aider dans cet affrontement crucial et son intercession nous conduira vers la victoire si nos intentions sont pures.

Il nous donnera l'énergie vitale de la sincérité. Il armera notre foi et en fera l'arme absolue contre le mal. Grâce à lui nous vaincrons les puissances délétères si promptes à nous agresser, à nous envahir, à nous perdre…

Saint Expédit, bienheureux martyr de la Foi, tu as répandu ton sang en témoignage de la grâce divine et de l'ineffable grandeur du Christ Roi !

Que par ton intercession le Seigneur, Dieu des armées daigne accepter mes suppliques. Et m'assister dans mes combats !

Qu'il s'agisse d'adversités extérieures ou de la très longue bataille,
Que chaque chrétien livre en lui-même contre ses vices !

Car chacun de nous doit combattre le mal sous toutes ses formes afin de contribuer au triomphe du bien qui est la gloire ineffable du Seigneur.

Aide-moi à lutter contre mes tendances désastreuses à la paresse et à la procrastination.

Car il n'est pas bon de retarder les échéances alors que nous ne connaissons ni le jour ni l'heure du moment crucial, de l'épreuve et du Jugement !

Dieu est le seul maître du temps car il est l'Éternel !

Que son nom soit loué par les siècles des siècles !

Aide-moi à lutter contre mon ignorance et l'obscurité de l'âme !

Et contre ma tendance à refuser la clarté du Seigneur…

Je veux connaître mieux les saints mystères et comprendre le sens de ma vie grâce au sublime rayonnement de la puissance divine !

Dieu est le seul maître de toute connaissance car il est l'Éternel !

Que son nom soit loué par les siècles des siècles !

Aide-moi à lutter contre la confusion de mon esprit, à ne pas me perdre en ratiocinations stériles ou en délectations moroses à refuser les fréquentations douteuses qui me dirigent insensiblement vers la ruine de l'âme et peuvent faire que je devienne odieux aux yeux du Créateur !

Dieu est le seul maître de tout discernement car il est l'Éternel !

Que son nom soit loué par les siècles des siècles !

Aide-moi à lutter contre les errements de ma modeste raison afin que je maintienne le cap vers la route merveilleuse du pardon et de la vie éternelle.

Il faut que ma foi s'affermisse et que je tourne mon cœur vers la grandeur divine !

Je ne dois pas m'égarer sur les chemins de traverse qui mènent au péché ou à l'abomination.

Dieu est le seul maître de toute sagesse car il est l'Éternel !

Que son nom soit loué par les siècles des siècles !

Aide-moi à lutter contre les appels odieux de l'envie, de la concupiscence et du mépris envers mes frères humains, car je suis faible et trop enclin à suivre les tentations d'iniquité qui combattent ma faible volonté d'agir pour le Bien dans le respect de la loi divine.

Que la haine, la malveillance s'éloignent de mon cœur afin qu'à ton exemple je devienne charitable et compassionnel.

Dieu est le seul maître de tout amour car il est l'Éternel!

Que son nom soit loué par les siècles des siècles!

Daigne, victorieux saint Expédit, ne pas tenir compte de mes iniquités et de ma constance dans le péché, alors même que ma faible volonté souhaiterait que je fusse plus attentif aux commandements divins.

Que ton nom vive dans les siècles des siècles car il est juste que tu sois acclamé et glorifié.

Au nom du Père, du Fils et du Saint-Esprit,

Ainsi soit-il.

Deuxième invocation à saint Expédit : Psychomachie

Le combat quotidien… Âpre lutte s'il en fut ! C'est notre sort de chrétiens. Il faut aussi en comprendre et en saisir la grandeur. Constater que, malgré la dureté de ce destin, il donne un vrai sens à notre vie. Saint Expédit saura nous assister dans ce chaos voulu par le Malin. Avec lui, nous trouverons un courage renouvelé !

Vénérable saint Expédit, veuillez me venir en aide !
Intercédez pour moi auprès du Christ Roi !
Qu'il me donne la force de combattre
comme vous le fîtes pour la gloire du Seigneur,
L'Unique en trois personnes !
Que ma foi, devenue indomptable, devienne l'arme de Dieu !
Que toutes mes forces s'unissent pour détruire la tentation !
Je veux devenir le soldat de la Lumière divine !

Chaque jour, je me bats, vénérable saint Expédit, car ma faiblesse est puissante. Chaque jour, la tentation veut me subjuguer. Chaque jour, il faut que je résiste. Et je pense à vous, le soldat, le vainqueur. Car vous fûtes le combattant exemplaire de Rome, mais aussi celui qui réussit à se vaincre lui-même ! Le légionnaire devenant l'agoniste glorieux triomphant des légions du mal, or il est dit du Malfaisant que son « nom est légion » !

Vénérable saint Expédit, veuillez me venir en aide !
Intercédez pour moi auprès du Christ Roi !
Qu'il me donne la force de combattre
comme vous le fîtes pour la gloire du Seigneur,
L'Unique en trois personnes !
Que ma foi, devenue indomptable, devienne l'arme de Dieu !
Que toutes mes forces s'unissent pour détruire la tentation !
Je veux devenir le soldat de la Lumière divine !

Chaque jour, je me bats, vénérable saint Expédit, car les forces du mal sont puissantes et aguerries! Chaque jour, elles forment de nouvelles ruses pour me vaincre et faire de moi un être perdu pour la grandeur divine! Chaque jour il faut que je résiste. Et je pense à vous, le soldat, le vainqueur. Car vous fûtes le combattant exemplaire de Rome, mais aussi celui qui réussit à se vaincre lui-même! Le légionnaire devenant l'agoniste glorieux triomphant des légions du mal, or il est dit du Malfaisant que son « nom est légion »!

Vénérable saint Expédit, veuillez me venir en aide!
Intercédez pour moi auprès du Christ Roi!
Qu'il me donne la force de combattre
comme vous le fîtes pour la gloire du Seigneur,
L'Unique en trois personnes!
Que ma foi, devenue indomptable, devienne l'arme de Dieu!
Que toutes mes forces s'unissent pour détruire la tentation!
Je veux devenir le soldat de la Lumière divine!

Chaque jour, je me bats, vénérable saint Expédit, car le péché m'attire et je suis faible, trop faible! Je tente de me renforcer par la prière et les œuvres qui plaisent au seigneur. Mais ma force ne suffit guère à vaincre ce qui m'oppresse et déplaît à Dieu, le Créateur de toutes choses. Donnez-moi un peu de votre ineffable bravoure! Chaque jour il faut que je résiste. Et je pense à vous, le soldat, le vainqueur. Car vous fûtes le combattant exemplaire de Rome, mais aussi celui qui réussit à se vaincre lui-même! Le légionnaire devenant l'agoniste glorieux triomphant des légions du mal, car il est dit du Malfaisant que son « nom est légion »!

Vénérable saint Expédit, veuillez me venir en aide!
Intercédez pour moi auprès du Christ Roi!
Qu'il me donne la force de combattre
comme vous le fîtes pour la gloire du Seigneur,
L'Unique en trois personnes!
Que ma foi, devenue indomptable, devienne l'arme de Dieu!

Que toutes mes forces s'unissent pour détruire la tentation !
Je veux devenir le soldat de la Lumière divine !

Au nom du Père, du Fils et du Saint-Esprit,
Ainsi soit-il.

II. Prières particulières à saint Expédit

Homo economicus !

Homme d'affaire ! Voilà un état qui n'a guère bonne presse ! On imagine assez facilement un personnage peu honnête. Des malversations dans les milieux d'affaires font la une des journaux. Le commerce international est l'enjeu d'une dureté féroce. La concurrence n'est pas toujours loyale. Les sociétés multinationales ont parfois trop de pouvoir et sont souvent porteuses d'enjeux politiques détestables...

Cependant, il faut bien que les échanges internationaux aient lieu ! Les produits doivent circuler autant que les capitaux ! L'homme d'affaires serait-il un « mal nécessaire » ?

Non, car il a son utilité ! Et sa fonction n'est certainement pas entièrement négative. Le commerce international ouvre les portes vers d'autres mondes, d'autres civilisations et les échanges peuvent devenir enrichissants, et pas seulement au sens propre ! L'homme d'affaire est aussi un ambassadeur, le vecteur d'une entente entre les peuples par le commerce, l'échange. Et les relations de marché se doublent généralement de relations culturelles et amicales.

Métier difficile, celui d'homme d'affaires demande une rigueur, une précision constantes. Et, contrairement à ce qu'on voudrait nous faire croire, la plupart sont d'honnêtes gens que leur métier passionne. Il serait incroyable que cette profession ne comprenne que des fripouilles !

Certes, il y a de grandes tentations. Et c'est pour cela qu'il faut prier saint Expédit, le juste, le rigoureux. En sachant qu'il n'exaucera jamais un vœu malhonnête, une demande abusive. On dit même que, dans ce cas, sa colère est redoutable...

Que le Seigneur soit loué par les siècles des siècles !
Car il est juste et bon d'honorer Dieu, le Créateur !
Comme il est aussi juste et bon de vénérer votre grandeur,
ô vénérable saint Expédit !

Faites que ma fonction de médiateur entre les producteurs des biens de ce monde et les consommateurs soit exercée dans la plus stricte honnêteté ! Faites aussi que je ne perde pas mon âme pour conquérir frauduleusement tel ou tel marché !

Que le Seigneur soit loué par les siècles des siècles !
Car il est juste et bon d'honorer Dieu, le Créateur !
Comme il est aussi juste et bon de vénérer votre grandeur,
ô vénérable saint Expédit !

Vous avez servi le Seigneur et vous fûtes courageux !
Donnez-moi un peu de vos vertus, afin que mon chemin demeure droit et que je ne m'éloigne pas de la voie Royale qui mène au Seigneur !

Que le Seigneur soit loué par les siècles des siècles !
Car il est juste et bon d'honorer Dieu, le Créateur !
Comme il est aussi juste et bon de vénérer votre grandeur,
ô vénérable saint Expédit !

Mon métier me fait côtoyer d'immenses richesses et la soif de l'or peut enivrer le plus désintéressé dès qu'une occasion se présente ! Le lucre semble dominer le monde ! Les négociations peuvent tourner à de fâcheux excès en lésant des producteurs, en consolidant des situations pénibles dans diverses nations. Aussi, je vous demande, Vénérable saint Expédit, de ne pas me laisser succomber aux tentations de profits injustifiés, exagérés ou de détournements inacceptables !

Que le Seigneur soit loué par les siècles des siècles !
Car il est juste et bon d'honorer Dieu, le Créateur !
Comme il est aussi juste et bon de vénérer votre grandeur,
ô vénérable saint Expédit !

Donnez-moi la force de persuasion, l'habileté dans la négociation sans que jamais je n'outrepasse les règles de l'honnêteté ! Que jamais je ne sombre dans l'abus des concurrences déloyales ou dans la prévarication !

Que le Seigneur soit loué par les siècles des siècles !
Car il est juste et bon d'honorer Dieu, le Créateur !
Comme il est aussi juste et bon de vénérer votre grandeur,
ô vénérable saint Expédit !

Évitez-moi les tentations et, le jour venu, daignez plaider ma cause auprès de Dieu, l'unique en trois personnes ! Qu'il soit loué par les siècles des siècles !

Au nom du Père, du Fils et du Saint-Esprit,

Amen.

Prière des soldats à saint Expédit…

La guerre, hélas, sévit toujours, rabaissant l'humain au rang de la bête. La violence, le meurtre ensanglantent la terre et nous prions pour la paix, tout en conservant un horrible sentiment d'impuissance.

Dans les combats parfois douteux, il se trouve cependant des justes. Des combattants qui ne cèdent pas aux instincts animaux qui nous font devenir cruels. Des soldats, parfois humbles qui osent se rebeller contre un ordre inique et inhumain. Et parfois même des saints, comme Expédit.

Ce dernier partage avec saint Martin, saint Georges (dont la fête suit celle d'Expédit à quelques jours), saint Maure (patron des troupes coloniales), Charles de Foucault, saint Acace, saint Sébastien et Jeanne d'Arc la protection des soldats. Ce n'est pas trop de tous ces saints pour veiller sur ceux qui sont toujours menacés par l'abîme, autant que par la mort.

Voici une prière qui a été prononcée par des victorieux comme par des perdants et que des « Poilus » prononçaient durant la première guerre mondiale, avant de s'élancer pour des assauts terribles…

Oraison du combattant

Admirable saint Expédit, vénérable combattant, sois mon protecteur au nom de Dieu, Créateur du ciel et de la terre et qui a voulu, pour notre salut que son propre fils, engendré non pas créé mourût atrocement sur la croix d'infamie réservée normalement aux esclaves rebelles et indociles.

Saint Expédit, bienheureux martyr de la Foi, tu as répandu ton sang en témoignage de la grâce divine et de l'ineffable grandeur du Christ Roi ! Que par ton intercession le Seigneur, Dieu des armées daigne accepter mes suppliques. Et m'assister dans mes combats ! Qu'il s'agisse d'adversités extérieures ou de la très longue bataille, que chaque chrétien livre en lui-même contre ses vices !

Dans le fond du chaos, dans le feu et le sang, je tourne ma foi vers ta grandeur sublime.

La guerre est mon métier, mais je veux être juste, malgré la violence quotidienne que je vis.

Aide-moi à ne pas céder aux appétits cruels, à respecter les populations civiles, à vaincre sans mépris...

Aide-moi à ne pas oublier la pitié en souvenir de vous, ô grand légionnaire, soldat d'élite à l'indomptable bravoure.

Saint Expédit, bienheureux martyr de la Foi, tu as répandu ton sang en témoignage de la grâce divine et de l'ineffable grandeur du Christ Roi !

Que par ton intercession le Seigneur, Dieu des armées daigne accepter mes suppliques. Et m'assister dans mes combats !

Qu'il s'agisse d'adversités extérieures ou de la très longue bataille,

Que chaque chrétien livre en lui-même contre ses vices !

Daigne, victorieux saint Expédit, ne pas tenir compte de mes iniquités et de ma constance dans le péché, alors même que ma faible volonté souhaiterait que je fusse plus attentif aux commandements divins.

Saint Expédit, bienheureux martyr de la Foi, tu as répandu ton sang en témoignage de la grâce divine et de l'ineffable grandeur du Christ Roi !

Que par ton intercession le Seigneur, Dieu des armées daigne accepter mes suppliques. Et m'assister dans mes combats !

Qu'il s'agisse d'adversités extérieures ou de la très longue bataille,

Que chaque chrétien livre en lui-même contre ses vices !

Admirable saint qui osa demeurer ferme dans la foi malgré les périls et les tourments, sache que je me décide à mener plus sainte vie dans le respect de la loi divine et que je promets de ne plus m'égarer sur le chemin du péché. Aide-moi, par ta sublime intercession à atteindre ce but.

Dans le fond du chaos, dans le feu et le sang, je tourne ma foi vers ta grandeur sublime. La guerre est mon métier, mais je veux être juste, malgré la violence quotidienne que je vis. Aide-moi à ne pas céder aux appétits cruels, à respecter les populations civiles, à vaincre sans mépris... Aide-moi à ne pas oublier la pitié en souvenir de toi, ô grand légionnaire, soldat d'élite à l'indomptable bravoure.

Saint Expédit, bienheureux martyr de la Foi, tu as répandu ton sang en témoignage de la grâce divine et de l'ineffable grandeur du Christ Roi !

Que par ton intercession le Seigneur, Dieu des armées daigne accepter mes suppliques. Et m'assister dans mes combats !

Qu'il s'agisse d'adversités extérieures ou de la très longue bataille,

Que chaque chrétien livre en lui-même contre ses vices !

Vénérable saint Expédit, que ton nom vive dans les siècles des siècles car il est juste que tu sois acclamé et glorifié.

Pour la plus grande gloire de Dieu.

Ainsi soit-il.

Prières des juristes et des avocats à saint Expédit

Métier nécessaire, celui d'avocat n'en est pas moins curieux! Voire paradoxal. Car il faut défendre le coupable autant que l'innocent. Et nous avons parfois du mal à comprendre qu'on puisse ainsi épouser la cause de personnes affreuses moralement, de criminels endurcis, de tortionnaires cruels…

Certes, il s'agit d'une profession et d'un moyen de gagner sa vie. Cependant, il y faut à la fois de la mesure, de la distance et de la compassion. Il faut justement vaincre sa répulsion envers des brutes et des « monstres » qui ont défrayé la chronique par des crimes sanglants et des actions abjectes.

En y pensant plus profondément, il y a là quelque chose de profondément chrétien : un être humain n'est pas réductible à ses actes. Et si la justice des hommes doit montrer une rigueur certaine en tenant compte de la société tout entière, celle de Dieu procède d'une tout autre façon. Elle juge la faute envers Lui, mais aussi la faute envers soi autant qu'envers autrui. Et l'intercession d'un saint peut être une « juste injustice », favorisant un pécheur malgré son peu de mérite s'il a la ferme intention de s'amender, de ne plus pécher et que sa prière vient d'un cœur pur et sincère… La justice divine s'adresse à tous comme à chacun.

Saint Expédit saura plaider notre cause auprès du Père Éternel. Et le modeste avocat terrestre devra penser à ce modèle, à la grandeur des saints intercesseurs afin de trouver une excellence professionnelle et une inspiration convaincante.

N'oublions pas que du milieu de son conseil, Dieu condamne les juges qui favorisent le méchant et négligent la justice. Dieu est le seul juge du monde. Il est d'usage, avant de prononcer les prières suivantes, de lire ou de réciter le psaume 82, dont voici le texte :

Psaume 82 (appelé aussi Cantique d'Asaph) Contre les mauvais juges

Dieu se tient dans l'assemblée du Tout-Puissant;
Au milieu des saints, il rend son arrêt.
« Jusques à quand jugerez-vous injustement,
et prendrez-vous parti pour les méchants ?
Rendez justice au faible et à l'orphelin, faites droit au malheureux et au pauvre, sauvez le misérable et l'indigent,
Délivrez-les de la main des méchants !

Ils n'ont ni savoir ni intelligence,
Ils marchent dans les ténèbres,
Tous les fondements de la terre sont ébranlés !
J'ai dit: vous êtes des saints !
Vous êtes tous les fils du Très Haut.
Cependant vous mourrez comme des hommes,
Vous tomberez comme le premier venu des princes !
Lève-toi, ô Dieu, juge la terre,
Car toutes les nations t'appartiennent.

Patron des avocats, des juristes, Expédit n'en néglige pas le justiciable pour autant ! Il dénoue les liens intriqués des causes désespérées. Aussi est-il bon de le prier lorsqu'on se trouve pris dans les rets de la procédure.

La justice, hélas, est fort encombrée, autant que fort complexe. L'attente d'un jugement est mal vécue, car souvent trop longue. Le langage juridique nous égare, nous plonge dans la confusion…

Certes, dans ces moments terribles, nous avons besoin d'un secours !

Saint Expédit par son immense sollicitude répondra « présent » si nous le prions sincèrement et si notre cause est juste. Il n'est pas de cause complexe dont il ne puisse dénouer les nœuds pour la plus grande gloire de Dieu.

Oraison du défenseur

Saint Expédit, vous qui parlâtes avec fermeté devant des juges iniques, donnez-moi l'éloquence qui sauve, la fermeté du propos, la justesse du ton !

Saint Expédit, donnez-moi aussi la compassion nécessaire afin que, dans les causes difficiles, je ne pense pas seulement à mon succès, mais aussi à celui que je défends, fautes que je n'oublie jamais que, quelles que soient ses fautes, il demeure une créature du Seigneur.

Protégez-moi de la brillance inutile pour que mes plaidoiries, comme mes conclusions soient efficaces et dictées par l'amour et la sollicitude envers celui que je défends.

Saint Expédit, faites que je ne sois pas seulement le connaisseur du Code Pénal, mais que, dans mon métier, je sois un digne serviteur de Dieu, le Père, Créateur du Ciel et de la Terre, de Dieu le Fils qui souffrit les tourments effrayants d'une affreuse sentence pour nous sauver, de Dieu le Saint-Esprit qui est le souffle, l'éloquence sacrée qui parle dans les âmes, l'inspirateur de toute vie.

Saint Expédit, faites que mon cœur demeure fervent et ne s'endurcisse pas, malgré les affaires parfois sordides que j'ai à connaître, que la fréquentation de criminels, de gens indélicats ou odieux ne me détourne pas du nécessaire amour du prochain dont le Christ

Roi nous a donné l'exemple le plus splendide en se sacrifiant pour que tous aient accès au pardon, à la Recouvrance, à la Vie Éternelle, selon leur foi et leurs œuvres.

Saint Expédit, soyez mon avocat auprès du Seigneur, là où toute habileté de procédure, toute ruse de prétoire et tout effet de manches deviendront inutiles et n'auront aucun sens. Soyez mon défenseur, aujourd'hui comme demain afin qu'au jour du grand jugement la colère de Dieu épargne ma modeste personne et qu'il pardonne ma faiblesse de pauvre humain, si faible devant la tentation, si enclin à suivre la voie si tentante du péché, des mauvaises actions, des pensées de discorde.

Saint Expédit, aidez-moi à mener une vie chrétienne dans le respect rigoureux de la Loi Divine. Permettez-moi d'acquérir la constance et la bienveillance. Aidez-moi à devenir et à demeurer le fidèle serviteur de Notre Seigneur, unique en trois personnes.

Saint Expédit, daignez plaider ma cause auprès du Tout Puissant, car malgré mes fautes innombrables, mon cœur est pur et ma prière sincère.

Gloire à Dieu au plus haut des cieux et paix sur la terre aux hommes de bonne volonté.

Au nom du Père, du Fils et du Saint-Esprit,

Ainsi soit-il.

Oraison ou prière des juristes

Voici une autre prière des avocats et des juristes. Car saint Expédit protège tous ceux qui instrumentent et administrent la justice humaine : c'est une lourde tâche et son aide n'est certes pas superflue !

Seigneur donnez-moi la parole aisée, avec l'élégance sans fausseté, l'habileté sans fourberie, la clarté sans concession, sous l'invocation de saint Expédit dont la ferveur fit connaître votre divin message et votre divine loi par le monde.
Faites que, si mes mots sont sincères, je puisse convaincre !

Saint Expédit, donnez-moi la clarté et l'audace, la rigueur et la ferveur : que mon cœur se tourne vers l'équité maximale sans toutefois connaître le mépris ou la haine envers les coupables ou les fautifs.

Seigneur, si je suis appelé à juger d'un conflit, inspirez-moi dans le sens de l'amour et du don de soi, sous l'égide de saint Expédit, l'impeccable chrétien et martyr qui souffrit sans perdre l'espérance.

Saint Expédit, donnez-moi la clarté et l'audace, la rigueur et la ferveur : que mon cœur se tourne vers l'équité maximale sans toutefois connaître le mépris ou la haine envers les coupables ou les fautifs.

Seigneur, que par l'intercession du grand saint Expédit, votre serviteur admirable et fidèle, je sache atténuer la rigueur des règlements, des codes et des usages afin de répandre le bien pour votre plus grande gloire.

Saint Expédit, donnez-moi la clarté et l'audace, la rigueur et la ferveur : que mon cœur se tourne vers l'équité maximale sans tou-

tefois connaître le mépris ou la haine envers les coupables ou les fautifs.

Saint Expédit, je veux contribuer à l'équité sur cette terre de souffrance! Permettez que mes avis, les jugements, mes causes soient justes et bonnes ainsi qu'il plaît à Dieu.

Saint Expédit, donnez-moi la clarté et l'audace, la rigueur et la ferveur: que mon cœur se tourne vers l'équité maximale sans toutefois connaître le mépris ou la haine envers les coupables ou les fautifs.

Seigneur, que ma rigueur soit empreinte de sollicitude afin que je ne sois pas trop sévère et que je sache, s'il le faut, atténuer la dureté des lois envers celui qui a failli, comme vous-même savez pardonner à ceux qui vous offensent.

Saint Expédit, donnez-moi la clarté et l'audace, la rigueur et la ferveur: que mon cœur se tourne vers l'équité maximale sans toutefois connaître le mépris ou la haine envers les coupables ou les fautifs.

Je ne demande et ne sollicite pas ces faveurs par orgueil, ni même dans l'espoir que l'on reconnaîtra mes mérites, ni pour en tirer une vaine gloriole, mais pour l'amour de Dieu et par haine de l'injustice.

Saint Expédit, donnez-moi la clarté et l'audace, la rigueur et la ferveur: que mon cœur se tourne vers l'équité maximale sans toutefois connaître le mépris ou la haine envers les coupables ou les fautifs.

Au nom du Père, du Fils et du Saint-Esprit,

Ainsi soit-il!

Prière à saint Expédit contre les bégaiements, les troubles de l'élocution et pour acquérir l'éloquence

Très vénérable Expédit, demandez pour moi à notre Seigneur le véritable et Unique Dieu Vivant la pureté de la foi. Je voudrais que, dans tous mes actes, elle rayonne pour le bien d'autrui.

Saint Expédit ayez pitié de moi.
Saint Expédit, réconfortez-moi.
Saint Expédit, priez pour moi.
Donnez-moi la ferveur et la force de conviction,
Pour la plus grande gloire de Dieu.

Ma parole dit convaincre et faire triompher la cause que je défends. Vous qui avez suivi la sainte Parole du Christ, notre Sauveur, aidez-moi à, dans le respect de la sainte loi du Seigneur, trouver la force de la conviction et l'éloquence nécessaires à ma profession pour le bien de la personne que je défends.

Saint Expédit ayez pitié de moi.
Saint Expédit, réconfortez-moi.
Saint Expédit, priez pour moi.
Donnez-moi la ferveur et la force de conviction,
Pour la plus grande gloire de Dieu.

Très vénérable Expédit demandez pour moi à notre Seigneur le véritable et Unique Dieu Vivant la pureté de la foi, l'intégrité intellectuelle et que le Très Haut m'inspire une conduite dévote dans ma vie de tous les jours en souhaitant parvenir à répandre la foi autour de moi.

Saint Expédit ayez pitié de moi.
Saint Expédit, réconfortez-moi.
Saint Expédit, priez pour moi.

Donnez-moi la ferveur et la force de conviction,
Pour la plus grande gloire de Dieu.

Très vénérable Expédit demandez pour moi à notre Seigneur le véritable et Unique Dieu Vivant la commisération envers la personne que je défends, fût-il un criminel éhonté ! Car au fond de l'âme du pire des assassins, du plus endurci des délinquants, il demeure souvent la petite flamme, faible et vacillante, certes, du repentir et de la soumission à Dieu ! Aidez-moi à défendre mon client tout en tentant d'aviver cette lumière en lui pour la plus grande gloire du Seigneur.

Saint Expédit ayez pitié de moi.
Saint Expédit, réconfortez-moi.
Saint Expédit, priez pour moi.
Donnez-moi la ferveur et la force de conviction,
Pour la plus grande gloire de Dieu.

Je dois me souvenir qu'il n'est qu'un homme faible comme moi, qu'il est le fils de Dieu et que, malgré ses fautes il peut être sauvé au Tribunal Ultime d'une façon bien plus importante que si j'obtiens pour lui un jugement favorable. Que ma voix soit inspirée, au-delà de l'éloquence, par la commisération, la compassion, la sollicitude.

Saint Expédit ayez pitié de moi.
Saint Expédit, réconfortez-moi.
Saint Expédit, priez pour moi.
Donnez-moi la ferveur et la force de conviction,
Pour la plus grande gloire de Dieu.

Très vénérable Expédit, demandez pour moi à notre Seigneur une façon de parler que tous puissent comprendre afin que je puisse m'adresser aux hommes et aussi répandre la sainte Parole de Dieu, Créateur du ciel et de la terre.

Saint Expédit ayez pitié de moi.
Saint Expédit, réconfortez-moi.
Saint Expédit, priez pour moi.
Donnez-moi la ferveur et la force de conviction,
Pour la plus grande gloire de Dieu.

Très vénérable Expédit, demandez pour moi à notre Seigneur le véritable et Unique Dieu Vivant, la pureté de la foi, la charité du cœur qu'elles rayonnent sur mes jours que je veux vivre en demeurant soumis à la loi de Dieu.

Saint Expédit ayez pitié de moi.
Saint Expédit, réconfortez-moi.
Saint Expédit, priez pour moi.
Donnez-moi la ferveur et la force de conviction,
Pour la plus grande gloire de Dieu.

Très vénérable Expédit, veuillez intercéder pour moi afin que le Seigneur daigne écouter ma prière. Ma pratique veut suivre les commandements divins, ceux que le Seigneur lui-même a donnés à Moïse sur le mont Sinaï. En servant la loi des hommes je désire intensément ne jamais oublier celle de Dieu !

Saint Expédit ayez pitié de moi.
Saint Expédit, réconfortez-moi.
Saint Expédit, priez pour moi.
Donnez-moi la ferveur et la force de conviction,
Pour la plus grande gloire de Dieu.

Au nom du Père, du Fils et du Saint-Esprit,

Ainsi soit-il !

Réciter ensuite trois fois le *Notre Père*.

Grande prière à saint Expédit des avocats dite : **Ad Elpedium pro justicia**

Cette longue prière est à la mesure de la grandeur de saint Expédit, mais aussi, elle doit correspondre à l'urgence de la demande. C'est une oraison grave et lente qui ne doit jamais être dite à la légère. La rigueur de saint Expédit serait, en ce cas, exacte et implacable.

Je vous salue, saint Expédit que j'aime et vénère,
Car votre grandeur est vraiment admirable !
Que chacun vous honore sur la terre des hommes !

Je vous salue, patron de la jeunesse !
Je vous salue, soldat émérite !
Je vous salue, frère des hommes à la bonté sublime !
Je vous salue, martyr impeccable !

Je vous salue, saint Expédit que j'admire éperdument
Tandis que je m'émerveille devant la puissance glorieuse de votre exemplarité sacrée !
Que chacun vous vénère et vous honore sur la terre des hommes !

Je vous salue, ennemi du démon !
Je vous salue, ennemi de toute désespérance !
Je vous salue, protecteur des humbles !
Je vous salue, consolateur des affligés.

Sachez que je suis et veux être,
Votre fidèle et que je veux vous vénérer
En toute et pure sincérité.
Ma vertu est mince, je ne suis qu'un pécheur !
Mais ma volonté de devenir meilleur, bien que malaisée, demeure constante.

Certes, il n'est pas toujours facile de se soumettre à la loi divine! D'autant plus que je ne suis qu'un misérable pécheur!

Saint Expédit, la grandeur de Dieu fut votre plus grand désir et vous avez tout donné pour la gloire du Seigneur. Aussi est-il juste et bon que je vous vénère et que je mette toute ma confiance en votre sollicitude.

Saint Expédit, je me tourne vers vous,
En toute confiance et toute sincérité
Car je sais que vous n'avez jamais refusé
D'aider celui qui vous implore d'un cœur pur.
Saint Expédit, écoutez ma requête!
Saint Expédit soyez assez patient pour veiller sur moi!
Saint Expédit, priez pour moi,
Malgré mes fautes!
Saint Expédit, intercédez en mon nom auprès du Seigneur Dieu,
Saint Expédit exaucez-moi!
Saint Expédit, homme de bien, aidez-moi car j'ai beaucoup péché!
Il faut que le Seigneur me pardonne aussi ai-je besoin de votre miséricorde et de votre intercession.
Saint Expédit, rassurez-moi,
Saint Expédit, prenez-moi sous votre égide,
Saint Expédit, soyez mon avocat,
Saint Expédit, daignez intercéder auprès du Seigneur pour qu'Il me pardonne!
Saint Expédit, assistez-moi!
Puissant saint Expédit je sais qu'on ne vous prie jamais en vain,
Pourvu que notre cœur soit sincère.

Saint Expédit, unissons nos prières! Célébrons le Seigneur dont la gloire ineffable se répand et rayonne sur la terre comme au ciel!
Car il est Dieu, l'Unique en trois personnes,
Car il est Dieu, le Père, Créateur de tout ce qui existe!

Car il est Dieu, le fils qui s'éteignit sur la croix pour le salut des hommes !

Car il est Dieu, le Saint-Esprit, qui est le Souffle Primordial

Gloire à toi, saint Expédit, qui sut te diriger fermement vers la grâce divine !

Gloire à toi, jeune officier qui sut commander comme te commander à toi-même !

Gloire à toi, le protecteur, le bienveillant qui souffrit le martyre pour la gloire du Seigneur !

Voyez mon trouble, voyez mon embarras, saint Expédit !

Et comprenez ma cause.

La justice est fort lente et les lois sont confuses.

Je me perds, ô saint Expédit dans la procédure.

Je sais que je ne suis qu'un pécheur parmi d'autres, que mes fautes sont lourdes.

Je sais que mes prières sauront néanmoins vous toucher car vous êtes un auxiliateur attentif aux soucis des fidèles.

Je sais que vous ne me laisserez pas dans le malheur par l'effet magnifique de votre grande bonté.

Saint Expédit, je me tourne vers vous,

En toute confiance et toute sincérité

Car je sais que vous n'avez jamais refusé

D'aider celui qui vous implore d'un cœur pur.

Saint Expédit, écoutez ma requête !

Saint Expédit soyez assez patient pour veiller sur moi !

Saint Expédit, priez pour moi,

Malgré mes fautes !

Saint Expédit, intercédez en mon nom auprès du Seigneur Dieu,

Saint Expédit exaucez-moi !

Saint Expédit, homme de bien, aidez-moi car j'ai beaucoup péché !

Il faut que le Seigneur me pardonne aussi ai-je besoin de votre miséricorde et de votre intercession.

Saint Expédit, rassurez-moi,
Saint Expédit, prenez-moi sous votre égide,
Saint Expédit, soyez mon avocat,
Saint Expédit, daignez intercéder auprès du Seigneur pour qu'Il me pardonne !
Saint Expédit assistez-moi !
Puissant saint Expédit je sais qu'on ne vous prie jamais en vain,
Pourvu que notre cœur soit sincère.

Saint Expédit, unissons nos prières ! Célébrons le Seigneur dont la gloire ineffable se répand et rayonne sur la terre comme au ciel !
Car il est Dieu, l'Unique en trois personnes,
Car il est Dieu, le Père, Créateur de tout ce qui existe !
Car il est Dieu, le fils qui s'éteignit sur la croix pour le salut des hommes !
Car il est Dieu, le Saint-Esprit, qui est le Souffle Primordial
Gloire à toi, saint Expédit, qui sut te diriger fermement vers la grâce divine !
Gloire à toi, jeune officier qui sut commander comme te commander à toi-même !
Gloire à toi, le protecteur, le bienveillant qui souffrit le martyre pour la gloire du Seigneur !

Voyez mon trouble et considérez mon embarras, grand saint Expédit, ce procès est extrêmement important pour moi et il faut absolument que je le gagne.
Mais tout me semble incompréhensible et lent !
La procédure s'éternise et ma patience s'use. L'inquiétude me ronge et je ne dors pas bien ! Il faut que ma cause soit bien entendue, ô saint Expédit et que la justice intervienne en ma faveur !
Je ne peux pas penser à autre chose qu'à ce procès et cela me nuit dans ma vie quotidienne.
Je sais que je ne mérite guère votre attention,
Je sais que ma conduite laisse à désirer,

Je sais que mes péchés m'accablent et déplaisent au Seigneur.
Mais par pitié, saint Expédit, daignez intercéder pour moi.
Je veux m'améliorer pour mieux servir le Seigneur,
Je veux accomplir plus régulièrement mes devoirs de chrétien.

Saint Expédit, je me tourne vers vous,
En toute confiance et toute sincérité
Car je sais que vous n'avez jamais refusé
D'aider celui qui vous implore d'un cœur pur.
Saint Expédit, écoutez ma requête !
Saint Expédit soyez assez patient pour veiller sur moi !
Saint Expédit, priez pour moi,
Malgré mes fautes !
Saint Expédit, intercédez en mon nom auprès du seigneur Dieu,
Saint Expédit exaucez-moi !
Saint Expédit, homme de bien, aidez-moi car j'ai beaucoup péché !
Il faut que le Seigneur me pardonne aussi ai-je besoin de votre miséricorde et de votre intercession.
Saint Expédit, rassurez-moi,
Saint Expédit, prenez-moi sous votre égide,
Saint Expédit, soyez mon avocat,
Saint Expédit, daignez intercéder auprès du Seigneur pour qu'Il me pardonne !
Saint Expédit assistez-moi !
Puissant saint Expédit je sais qu'on ne vous prie jamais en vain,
Pourvu que notre cœur soit sincère.

Saint Expédit, unissons nos prières ! Célébrons le Seigneur dont la gloire ineffable se répand et rayonne sur la terre comme au ciel !
Car il est Dieu, l'Unique en trois personnes,
Car il est Dieu, le Père, Créateur de tout ce qui existe !
Car il est Dieu, le fils qui s'éteignit sur la croix pour le salut des hommes !
Car il est Dieu, le Saint-Esprit, qui est le Souffle Primordial.

Gloire à toi, saint Expédit, qui sut te diriger fermement vers la grâce divine!

Gloire à toi, jeune officier qui sut commander comme te commander à toi-même!

Gloire à toi, le protecteur, le bienveillant qui souffrit le martyre pour la gloire du Seigneur!

Voyez mon trouble, voyez mon embarras, ô saint Expédit!

Je m'angoisse et j'ai peur, que va-t-il se passer?

La justice m'impressionne et me voici perdu devant la Cour.

Je veux respecter la loi des hommes.

Je veux tenir avec honneur ma place dans la Cité. Je veux obéir au Christ, qui recommandait de respecter les lois...

Il faut que ma cause soit bien entendue, ô saint Expédit et que la justice intervienne en ma faveur!

Je ne peux pas penser à autre chose qu'à ce procès et cela me nuit dans ma vie professionnelle.

Je sais qu'il m'est arrivé de manquer de charité!

Je sais que j'ai souvent eu de mauvaises pensées!

Je sais que je ne respecte pas tous les jours la conduite et la droiture nécessaires au chrétien,

Je sais que je me montre parfois désagréable ou méprisant envers mon prochain,

Je sais que je n'ai pas été assez assidu ni sincère dans le service de Dieu,

Je sais que je ne suis qu'un pauvre pécheur.

Mais, malgré mes défauts, j'espère en vous, ô grand saint Expédit, car jamais vous n'avez dédaigné ceux qui vous prient sincèrement!

Saint Expédit, je me tourne vers vous,
En toute confiance et toute sincérité
Car je sais que vous n'avez jamais refusé
D'aider celui qui vous implore d'un cœur pur.
Saint Expédit, écoutez ma requête!

Saint Expédit soyez assez patient pour veiller sur moi !
Saint Expédit, priez pour moi,
Malgré mes fautes !
Saint Expédit, intercédez en mon nom auprès du seigneur Dieu,
Saint Expédit exaucez-moi !
Saint Expédit, homme de bien, aidez-moi car j'ai beaucoup péché !
Il faut que le Seigneur me pardonne aussi ai-je besoin de votre miséricorde et de votre intercession.
Saint Expédit, rassurez-moi,
Saint Expédit, prenez-moi sous votre égide,
Saint Expédit, soyez mon avocat,
Saint Expédit, daignez intercéder auprès du Seigneur pour qu'Il me pardonne !
Saint Expédit assistez-moi !
Puissant saint Expédit je sais qu'on ne vous prie jamais en vain,
Pourvu que notre cœur soit sincère.

Saint Expédit, unissons nos prières ! Célébrons le Seigneur dont la gloire ineffable se répand et rayonne sur la terre comme au ciel !
Car il est Dieu, l'Unique en trois personnes,
Car il est Dieu, le Père, Créateur de tout ce qui existe !
Car il est Dieu, le fils qui s'éteignit sur la croix pour le salut des hommes !
Car il est Dieu, le Saint-Esprit, qui est le Souffle Primordial
Gloire à toi, saint Expédit, qui sut te diriger fermement vers la grâce divine !
Gloire à toi, jeune officier qui sut commander comme te commander à toi-même !
Gloire à toi, le protecteur, le bienveillant qui souffrit le martyre pour la gloire du Seigneur !

Voyez mon trouble et mon embarras devant les lois de la terre !
Qu'en sera-t-il lorsque je comparaîtrai devant le Tribunal suprême au jour du grand jugement ?

Soyez mon avocat, ô saint Expédit, et obtenez-moi le pardon du Seigneur.

Il faut que ma cause soit bien entendue, ô saint Expédit et que la justice intervienne en ma faveur !

Je ne peux pas penser à autre chose qu'à ce procès et cela me nuit dans ma vie de chrétien puisque je ne suis pas tout à Dieu lorsque je prie, puisque ce procès m'obsède.

Il ne quitte pas ma pensée !

Je sais que Dieu est grand, infiniment bon,

Je sais qu'Il est aimable et qu'Il aime ses fils,

Je sais aussi qu'Il peut se montrer sévère envers ceux qui manquent de foi,

De fidélité, d'amour…

Je crains la colère de Dieu, saint Expédit, car je sais que j'ai péché !

Oui, soyez mon avocat, saint Expédit

Et plaidez pour moi auprès de son Immense Lumière !

Saint Expédit, je me tourne vers vous,

En toute confiance et toute sincérité

Car je sais que vous n'avez jamais refusé

D'aider celui qui vous implore d'un cœur pur.

Saint Expédit, écoutez ma requête !

Saint Expédit soyez assez patient pour veiller sur moi !

Saint Expédit, priez pour moi,

Malgré mes fautes !

Saint Expédit, intercédez en mon nom auprès du seigneur Dieu,

Saint Expédit exaucez-moi !

Saint Expédit, homme de bien, aidez-moi car j'ai beaucoup péché !

Il faut que le Seigneur me pardonne aussi ai-je besoin de votre miséricorde et de votre intercession.

Saint Expédit, rassurez-moi,

Saint Expédit, prenez-moi sous votre égide,

Saint Expédit, soyez mon avocat,

Saint Expédit, daignez intercéder auprès du Seigneur pour qu'Il me pardonne!

Saint Expédit assistez-moi!

Puissant saint Expédit je sais qu'on ne vous prie jamais en vain,

Pourvu que notre cœur soit sincère.

Saint Expédit, unissons nos prières! Célébrons le Seigneur dont la gloire ineffable se répand et rayonne sur la terre comme au ciel!

Car il est Dieu, l'Unique en trois personnes,

Car il est Dieu, le Père, Créateur de tout ce qui existe!

Car il est Dieu, le fils qui s'éteignit sur la croix pour le salut des hommes!

Car il est Dieu, le Saint-Esprit, qui est le Souffle Primordial

Gloire à toi, saint Expédit, qui sut te diriger fermement vers la grâce divine!

Gloire à toi, jeune officier qui sut commander comme te commander à toi-même!

Gloire à toi, le protecteur, le bienveillant qui souffrit le martyre pour la gloire du Seigneur!

Au nom du Père, du Fils et du Saint-Esprit,

Ainsi soit-il!

III. Prières à saint Expédit pour la guérison

Prière en cas de maladie grave

La médecine moderne accomplit des prodiges. Mais nous savons que pour guérir d'une maladie grave, il convient que le patient conserve l'espoir. La désespérance, dans ces situations horribles est fatale. La confiance est nécessaire et l'espoir aussi.

Pour le chrétien, cet espoir doit devenir espérance : le sentiment se transformera ainsi en vertu. Alors, le souffrant sentira rayonner en son cœur une étrange paix, alors même qu'il est sujet à de terribles tourments. L'espérance procède de la foi et nous savons que la foi fait des « miracles ». Elle guérit, elle sauve !

Pauvres de nous ! Nous sommes si faibles ! Heureusement, saint Expédit veille ! Il sait dénouer les nœuds et résoudre les cas désespérés. N'hésitons pas à lui demander son auxiliation, sa médiation auprès de Dieu : il entendra notre requête et nous conduira vers le Salut.

Oraison du malade pour obtenir l'auxiliation de saint Expédit

Mon Dieu, éloignez de moi ce calice; cependant, que votre volonté soit faite, et non la mienne!

Seigneur, ne me réprimez pas dans votre fureur et ne me corrigez pas dans votre colère. Ayez pitié de moi parce que je suis faible; guérissez-moi parce que mes organes sont troublés. Et que par l'intercession d'Expédit, votre fidèle serviteur, je sois de nouveau en bonne santé afin de mener digne et bonne vie chrétienne dans le respect de votre Sainte Loi.

Ce ne sont ni les médecins ni les remèdes qu'on applique qui donnent la guérison, c'est votre parole toute puissante, ô Seigneur, guérissez-moi, par l'auxiliation de saint Expédit, et je serai sauvé.

Seigneur, je souffre une violente douleur; rendez à ma prière une réponse favorable.
Je repasse toutes les années de ma vie dans l'amertume de mon cœur. Je crains de mourir parce que je ne suis pas encore préparé. Que votre volonté soit faite!

Que notre bouche, notre âme et notre esprit soient occupés à vous louer, Seigneur, et comme une parfaite santé est un don de votre libéralité, accordez-moi ce don précieux par les mérites de saint Expédit. Qu'en outre ce saint prêtre prie particulièrement pour ceux qui ont gravement péché contre Dieu et contre la loi des hommes et qui sont chargés de chaînes en prison pour leur pénitence.

Qu'ils prient aussi pour les pauvres femmes réduites au péché par la misère et qui n'ont d'autre possibilité que de se vendre en se livrant à la lubricité des pécheurs.
Et qu'il prie aussi pour les pauvres et les démunis, les orphelins et tous ceux qui souffrent.

Je sais que par ses prières et par son intercession, ma santé s'améliorera et je pourrai me consacrer au divin service et vous louer, ô Seigneur en pleine possession de mes moyens.

Qu'il en soit ainsi pour votre plus grande gloire.

Me voici à vos pieds, valeureux Expédit, car je vous demande ma guérison (ou celle d'un proche: nommez-le ...)

En vérité, nous sommes pécheurs, nous autres pauvres humains et moi, particulièrement, car ma volonté est dépassée par les tentations!

Regardez ma détresse, ô Expédit! Daignez considérer que mon cœur est pur! Et que mon vœu le plus cher est d'adorer le Seigneur en respectant sa Sainte Loi.

Accordez-moi la compassion, la charité, la miséricorde. Comprenez mon désarroi! Hier, comme aujourd'hui, je suis dans la souffrance! Il faut que vous intercédiez pour moi, ô grand saint Expédit! Regardez ma douleur: faut-il qu'elle perdure en m'empêchant d'avoir l'esprit libre et le cœur dispos pour servir le Seigneur?

Ayez pitié de moi!

Comprenez-moi, et veillez que je ne m'égare pas de la très sainte voie montrée par Jean Baptiste, le chemin même du Christ et la route d'Abraham, père des hommes et fils de Dieu.

Au nom du Père, du Fils et du Saint-Esprit,

Ainsi soit-il!

Prière à saint Expédit pour les malades

Saint Expédit est le saint des « causes désespérées ». Il intervient avec une grande efficacité en cas de maladie, même les plus graves !

Vénérable saint Expédit, Il ne faut jamais oublier la grandeur du Seigneur, ni sa toute puissance !

Et sachons que Dieu nous a donné la vie terrestre
Et qu'il nous a promis la vie éternelle !
Ce qu'il nous a octroyé, dans son immense bonté,
Il peut tout aussi bien le reprendre si nous nous montrons indignes de Sa divine mansuétude !
Me voici affaibli, éreinté, meurtri.
Je sens mes forces me quitter.
Je m'alanguis, je me sens m'amenuiser…
Mais je sais que votre intercession me libérera du mal,
Et restaurera mon corps tout autant que mon âme !
Gloire à Dieu au plus haut des cieux !

Priez pour moi, saint Expédit, et donnez-moi la joie de vivre en bon chrétien !

Je sais que je suis indigne des bienfaits du Seigneur !
Et, que sont mes douleurs auprès des horribles souffrances
Éprouvées par le Christ durant la Passion ?
Ai-je le droit de me plaindre,
Moi qui suis coupable de nombreuses négligences ?

Priez pour moi, saint Expédit, et donnez-moi la joie de vivre en bon chrétien !

Car, en effet, je n'ai pas toujours suivi le chemin de rectitude !
À ma grande honte, j'ai souvent péché !
Par pensée, par parole, par action !

J'ai parfois méprisé les prescriptions de mon Père,
Le Dieu Unique, le Roi de Gloire !

Priez pour moi, saint Expédit, et donnez-moi la joie de vivre en bon chrétien !

La vanité m'escorta beaucoup trop souvent.
J'ai trop recherché l'approbation d'autrui et cela m'a induit en erreur ;
Pour plaire aux gens de la terre, je me suis avili,
Et j'ai oublié de respecter Dieu !
Aussi ai-je grand besoin de votre secours saint Expédit !

Priez pour moi, saint Expédit, et donnez-moi la joie de vivre en bon chrétien !

Ce que Dieu m'a donné, il peut me le reprendre
Et le cours de ma vie n'appartient qu'à lui !
Nul ne sait jamais ni le jour, ni l'heure !
Me voici effrayé, pantelant.
Je sens mes forces décroître ! La vie va-t-elle me quitter ?
Saint Expédit, aidez-moi à me soumettre à la volonté du Seigneur !

Priez pour moi, saint Expédit, et donnez-moi la joie de vivre en bon chrétien !

Je sais que je suis indigne de la divine mansuétude !
Et, que sont mes douleurs auprès des horribles souffrances
De Marie, la Sainte Vierge et mère à la fois,
Lorsqu'elle entendit la voix des méchants hurler « crucifiez-le » !
Et quand elle vit Jésus mourir sur la croix d'infamie
Sous les quolibets et les sarcasmes ?
Ai-je le droit de me plaindre,
Moi qui suis coupable de nombreuses négligences ?

Priez pour moi, saint Expédit, et donnez-moi la joie de vivre en bon chrétien !

Saint Expédit, au nom de votre bonté, considérez ma requête !
Et s'il vous est possible, malgré mes fautes, d'avoir pitié de moi,
Si votre bienveillance fameuse et considérable
Veut bien se répandre sur ma personne, grandement coupable,
Si vos prières viennent à me réconforter,
Si vous devenez mon avocat
Et si vous intercédez pour moi auprès du Très Haut,
Je sais que je guérirai !

Priez pour moi, saint Expédit, et donnez-moi la joie de vivre en bon chrétien !

Et, maintenant, dans ce grand tourment,
Dans cette inquiétude, dans cette angoisse,
Je prends la ferme résolution,
Si je me remets et si je guéris,
D'honorer le Seigneur, de le prier fidèlement,
De ne pas oublier les saints, les anges,
Ni les patriarches, les vierges,
Ni les martyrs et les apôtres
Qui ont construit le monde chrétien
Pour la plus grande gloire de Dieu !
Aidez-moi Saint Expédit dans ce projet louable !
Donnez-moi la force de m'y consacrer.

Priez pour moi, saint Expédit, et donnez-moi la joie de vivre en bon chrétien !

Ô saint Expédit, vous qui êtes généreux,
Vous dont le cœur connaît la bienveillance,
La sollicitude et la paix,
Veuillez prier pour votre serviteur qui souffre

Car je gémis dans les affres de la maladie !
Arrachez-moi à cette atteinte afin que je puisse encore vous prier,
Et prononcer des actions de grâce
En le Seigneur, seul Dieu, unique en trois personnes
Que je désire magnifier sans cesse jusqu'à mon dernier souffle !

Priez pour moi, saint Expédit, et donnez-moi la joie de vivre en bon chrétien !

Je sais que je suis indigne de la divine mansuétude !
Et, que sont mes angoisses
Auprès de l'horreur
De ce qu'a souffert notre Seigneur le Christ
Lorsqu'il rendit l'âme sous la rigueur atroce d'un effroyable supplice ?
Ai-je le droit de me plaindre,
Moi qui suis coupable de nombreuses négligences ?

Priez pour moi, saint Expédit, et donnez-moi la joie de vivre en bon chrétien !

Saint Expédit, vous qui avez montré une générosité sans bornes,
Aidez-moi !
Jetez sur moi un regard clément et miséricordieux,
Adoucissez l'amertume de ma souffrance,
Amoindrissez ma douleur !
Accordez-moi la rémission de cet état insoutenable !

Priez pour moi, saint Expédit, et donnez-moi la joie de vivre en bon chrétien !

Saint Expédit c'est à vous que j'ai recours du fond de ma détresse,
Car je sais votre bonté, votre sollicitude,

C'est vous que je prie
Car on vous invoque dans les situations désespérées...
C'est à vous que je m'adresse
Car aucune situation grave ne peut durer
Ni résister à votre intercession auprès du Seigneur, Créateur du ciel et de la terre...

Priez pour moi, saint Expédit, et donnez-moi la joie de vivre en bon chrétien !

Vous dont la grandeur mérite tant de louanges,
Serviteur de Dieu dont la bonté surpasse toutes les bontés,
Vous qui avez orienté de nombreux fidèles
Vers le juste sentiment de la grande gloire de Dieu,
Ayez pitié de celui qui risque de recevoir les saintes onctions.
Et sauvez-moi, votre humble serviteur.

Priez pour moi, saint Expédit, et donnez-moi la joie de vivre en bon chrétien !

Soyez ma défense auprès du Dieu Unique
Et considérez que je déclare vouloir m'amender
En menant bonne et sainte vie, une fois guéri,
Pour ne plus jamais oublier la grandeur de Dieu,
Et pour le servir d'une façon régulière et sincère !
Soyez ma défense, saint Expédit,
Marquez-moi de votre sceau
Et montrez combien vous êtes généreux.
Soyez mon avocat !
Plaidez pour moi auprès du Seigneur !

Priez pour moi, saint Expédit, et donnez-moi la joie de vivre en bon chrétien !

Au nom de la grandeur du Christ,

Je vous prie et conjure,
Bienveillant saint Expédit,
De venir en aide à ma misérable personne,
Aujourd'hui et durant le temps de ma souffrance,
Regardez-moi, mon corps est taraudé par le mal
Et je souffre !
Ne laissez pas le démon m'emmener
Vers un séjour de ténèbres et de douleurs !

Priez pour moi, saint Expédit, et donnez-moi la joie de vivre en bon chrétien !

Au nom du Père, du fils et du Saint-Esprit,

Ainsi soit-il.

Grande prière du malade à saint Expédit

Brandissons les rameaux de la justice et de l'équité sous le ciel!

Et que les filles de Sion chantent et dansent!

Dieu a donné la vie pour que nous la vivions!

Et non pour que nous la regardions en délectations moroses, exclus, banni des belles réalités offertes par le Seigneur!

Et non pour que nous laissions l'iniquité, l'injustice et la démesure régner sur la terre!

Nous sommes au monde, dans le monde, nous sommes ensemble, frères et sœurs, pour la grande gloire de Dieu! Chantons ses louanges, Hosanna au plus haut des cieux!

Que nos yeux ébahis contemplent les arbres, les fruits, les fleurs, le soleil et la lune, sous l'invocation de saint Expédit!

Certains de la grande bonté, de la magnificence sublime de Dieu, avançons sur le chemin d'Abraham en œuvrant pour l'équité!

Ô saint Expédit, juste parmi les justes, vous qui occupez une place particulière dans l'assemblée des saints car vous avez été le soldat fidèle et le martyr impeccable, et qui avez toujours tenu à vous mettre à l'écoute de ceux qui vous implorent, venez soulager mes misères, et qu'elles soient déposées en hommage et louange aux pieds de notre très sainte Marie, Vierge et mère, qui naquit sans péché et enfanta Jésus.

Que la grandeur de Dieu me devienne opportune!

Glorieux saint Expédit, vous qui avez voulu demeurer simple et modeste dans votre foi solide et dans vos œuvres pie, accordez-moi la santé du corps et la cessation de la douleur ou de l'atteinte de la maladie.

Soulagez ma peine, mon mal et mon angoisse pour que je puisse louer le Seigneur comme vous l'avez loué en intention très pure durant toute votre vie.

Saint Expédit, aidez-moi;
Saint Expédit, assistez-moi;
Saint Expédit, aimez-moi;
Saint Expédit, secourez-moi;
Saint Expédit, plaidez pour moi!

Brandissons les rameaux de la justice et de l'équité sous le ciel!
Et que les filles de Sion chantent et dansent!
Dieu a donné la vie pour que nous la vivions!
Et non pour que nous la regardions en délectations moroses, exclus, banni des belles réalités offertes par le Seigneur!
Et non pour que nous laissions l'iniquité, l'injustice et la démesure régner sur la terre!
Nous sommes au monde, dans le monde, nous sommes ensemble, frères et sœurs, pour la grande gloire de Dieu! Chantons ses louanges, Hosanna au plus haut des cieux!
Que nos yeux ébahis contemplent les arbres, les fruits, les fleurs, le soleil et la lune, sous l'invocation de saint Expédit!
Certains de la grande bonté, de la magnificence sublime de Dieu, avançons sur le chemin d'Abraham en œuvrant pour l'équité!

Saint Expédit, la douleur n'est rien auprès de l'immensité de mes fautes, mais je veux être guéri pour m'amender et devenir l'adorateur très pieux de Notre Seigneur, à qui vous avez été fidèle et que vous avez guidé sur les routes d'Égypte comme sur le chemin de Bethléem.

Que la grandeur de Dieu me devienne opportune!

Ô saint Expédit le juste, il suffit de se tourner vers vous avec un cœur pur, je viens vous prier humblement pour que vous me guérissiez de mes souffrances pour la plus grande gloire du Seigneur, le Dieu vrai et unique.

Que la grandeur de Dieu me devienne opportune!

Soyez en compassion pour mon âme pécheresse, même s'il m'est arrivé de ne pas me montrer fidèle aux préceptes très saint que Dieu veut qu'on respecte, dans son immensité et pour le bien des hommes qu'Il a voulu sauver.

Saint Expédit, aidez-moi ;
Saint Expédit, assistez-moi ;
Saint Expédit, aimez-moi ;
Saint Expédit, secourez-moi ;
Saint Expédit, plaidez pour moi !

Brandissons les rameaux de la justice et de l'équité sous le ciel !
Et que les filles de Sion chantent et dansent !
Dieu a donné la vie pour que nous la vivions !
Et non pour que nous la regardions en délectations moroses, exclus, banni des belles réalités offertes par le Seigneur !
Et non pour que nous laissions l'iniquité, l'injustice et la démesure régner sur la terre !
Nous sommes au monde, dans le monde, nous sommes ensemble, frères et sœurs, pour la grande gloire de Dieu ! Chantons ses louanges, Hosanna au plus haut des cieux !
Que nos yeux ébahis contemplent les arbres, les fruits, les fleurs, le soleil et la lune, sous l'invocation de saint Expédit !
Certains de la grande bonté, de la magnificence sublime de Dieu, avançons sur le chemin d'Abraham en œuvrant pour l'équité !

Ô saint Expédit, qui avez conquis tant d'âmes par votre intense modestie, par la douceur de votre langage et l'humilité de votre maintien, priez pour que le mal s'enfuie loin de mon corps.

Sur mon lit de douleur, mon amertume est grande. Je me désole, je me lamente, perdu dans la souffrance. Au cours des rémissions j'essaie de ne pas sombrer dans le désespoir qui déplaît à Dieu et nuit à ma guérison. Avec votre aide, vénérable saint Expédit, je résisterai à cette terrible déréliction qui nuit au corps et à l'âme.

Aussi je veux vous prier avec toute la profondeur de mon âme chrétienne !

Que la grandeur de Dieu me devienne opportune !

Saint Expédit, je vous prie, je dépose à vos pieds ma demande urgente.

Que par votre intercession pour ma cause difficile, et malgré mon indignité, fasse que je sois remis du mal dont je souffre.

Ô, saint Expédit, juste parmi les hommes, faites que mon corps se vivifie afin de renforcer mon esprit, de lui donner une assise solide afin qu'une fois guéri je puisse témoigner de la grandeur de Dieu et le louer chaque jour.

La maladie me ronge et me mine. Mais avec votre aide elle n'étouffera pas en moi la ferveur de ma foi ! Et, malgré ma faiblesse et mon désarroi, je trouverai l'énergie de louer le Seigneur !

Que la grandeur de Dieu me devienne opportune !

Aidez-moi à imiter votre piété ardente, faites que jamais ma bouche ne profère ni blasphème, ni mauvaise parole et qu'elle préfère, à tout jamais, prier le Dieu Vivant.

Glorieux saint Expédit, dont le cœur fut rempli d'un amour sans limite pour l'enfant Jésus que vous avez nourri avec diligence, accordez-moi de profiter de la grâce dont il vous a gratifié à maintes reprises !

Saint Expédit, aidez-moi ;
Saint Expédit, assistez-moi ;
Saint Expédit, aimez-moi ;
Saint Expédit, secourez-moi ;
Saint Expédit, plaidez pour moi !

Brandissons les rameaux de la justice et de l'équité sous le ciel!

Et que les filles de Sion chantent et dansent!

Dieu a donné la vie pour que nous la vivions!

Et non pour que nous la regardions en délectations moroses, exclus, banni des belles réalités offertes par le Seigneur!

Et non pour que nous laissions l'iniquité, l'injustice et la démesure régner sur la terre!

Nous sommes au monde, dans le monde, nous sommes ensemble, frères et sœurs, pour la grande gloire de Dieu! Chantons ses louanges, Hosanna au plus haut des cieux!

Que nos yeux ébahis contemplent les arbres, les fruits, les fleurs, le soleil et la lune, sous l'invocation de saint Expédit!

Certains de la grande bonté, de la magnificence sublime de Dieu, avançons sur le chemin d'Abraham en œuvrant pour l'équité!

Bien aimé saint Expédit, vous qui êtes amour, vous qui êtes compassion, ayez pitié du pauvre malade et obtenez de la Très Sainte Vierge, qui ne vous refusera pas cette grâce, la santé qui me manque.

Faites, grand Saint Expédit, par l'inaltérable douceur de votre caractère qui vous mérita la grâce et le courage ineffables de compter parmi ceux qui donnèrent leur vie en l'honneur de l'Enfant-Roi!

Que la grandeur de Dieu me devienne opportune!

Priez pour moi notre Seigneur, afin que je retrouve cette force qui me manque alors que je me trouve alité, terrassé par un mal qui me mine. Je veux être guéri pour prier notre Dieu ineffable et immense durant toute ma vie.

Saint Expédit, aidez-moi;
Saint Expédit, assistez-moi;
Saint Expédit, aimez-moi;
Saint Expédit, secourez-moi;
Saint Expédit, plaidez pour moi!

Brandissons les rameaux de la justice et de l'équité sous le ciel !
Et que les filles de Sion chantent et dansent !
Dieu a donné la vie pour que nous la vivions !
Et non pour que nous la regardions en délectations moroses, exclus, banni des belles réalités offertes par le Seigneur !
Et non pour que nous laissions l'iniquité, l'injustice et la démesure régner sur la Terre !
Nous sommes au monde, dans le monde, nous sommes ensemble, frères et sœurs, pour la grande gloire de Dieu ! Chantons ses louanges, Hosanna au plus haut des cieux !
Que nos yeux ébahis contemplent les arbres, les fruits, les fleurs, le soleil et la lune, sous l'invocation de saint Expédit !
Certains de la grande bonté, de la magnificence sublime de Dieu, avançons sur le chemin d'Abraham en œuvrant pour l'équité !

Gloire au Père, au Fils et au Saint-Esprit, maintenant et toujours, dans les siècles des siècles.
Ainsi soit-il !

Je témoigne, cher saint Expédit de la grandeur de Dieu et de l'immensité de sa gloire éternelle.
Saint Expédit, activez ma guérison !

J'affirme, grand saint Expédit, que je veux vivre en paix dans la loi du Seigneur.
Saint Expédit, activez ma guérison !

Je proclame, saint Expédit, ma solide volonté d'être comme vous l'êtes un serviteur de Dieu en toute humilité.
Saint Expédit, activez ma guérison !

Je déclare, saint Expédit, que je vous demande d'affermir ma foi autant que de faire de moi un convalescent humble et craignant Dieu.
Saint Expédit, activez ma guérison !

J'exigerai de moi-même, saint Expédit, une modestie de maintien, une humilité de conduite, une prudence certaine, une vraie diligence afin de devenir meilleur à votre exemple.

Saint Expédit, activez ma guérison !

Je confesse, saint Expédit, que mes péchés nombreux forment un regret immense qui occupe mon âme aussi douloureusement que cette maladie qui me ronge le corps.

Saint Expédit, activez ma guérison !

Je tourne mon cœur vers vous et je sais qu'il est juste et bon de vous vénérer !

Saint Expédit, écoutez ma prière,
Saint Expédit, donnez-moi votre pitié,
Je vous invoque de tout mon cœur
Et par mon âme purifiée
Par l'immense confiance que je vous porte.

Mon désir de guérir est celui d'aimer et de louer Dieu le Père, le Fils et le Saint-Esprit.

Amen.

Après chaque prière de demande, il est juste et bon de célébrer la gloire de Dieu. Aussi conclut-on toute supplication par un gloria, lequel affirme notre foi et notre éblouissement devant la Lumière divine :

Gloria in excelsis Deo (Gloire au Seigneur)

D'après Louis de Grenade

Gloire à Dieu au plus haut des cieux et paix sur la terre aux hommes de bonne volonté. Nous vous louons. Nous vous bénissons.

Nous vous adorons. Nous vous Glorifions. Nous vous rendons grâce à cause de votre grande gloire, Ô Seigneur Dieu !

Ô, Dieu, roi du Ciel ! Père Tout-Puissant ! Seigneur, fils unique de Dieu ! Jésus-Christ ! Seigneur Dieu, Agneau de Dieu, Fils du Père.

Ainsi soit-il.

Vous qui effacez les péchés du monde, ayez pitié de nous, Vous qui effacez les péchés du monde, recevez notre prière. Vous qui êtes assis à la droite de Dieu, ayez pitié de nous. Car vous êtes le seul saint, le seul Seigneur, le seul Très Haut, ô Jésus-Christ, avec le Saint-Esprit en la gloire de Dieu le Père.

Ainsi soit-il.

Nous vous rendons grâce, ô doux Jésus qui, après votre naissance, fûtes avec de doux cantiques loué par les anges, cherché par les pasteurs et des uns et des autres avec grande joie et admiration. Accordez-nous, Seigneur, de persévérer joyeusement en vos louanges, et après que nous vous aurons cherché diligemment avec les pasteurs, de vous trouver et de vous posséder éternellement.

Amen.

IV. Prières à saint Expédit pour réussir un examen ou un concours et pour le succès des études ou de l'apprentissage

Voici encore une prière fort ancienne. On la trouve parfois consacrée à d'autres saints. Mais il semble bien qu'elle ait été composée dès le départ pour saint Expédit. Elle est reconnue pour son efficacité remarquable.

1. Réciter trois *Notre Père*.

Le premier en silence en laissant les paroles résonner sans bruit dans le for intérieur sans qu'on puisse les entendre.

Le deuxième à mi-voix, en psalmodiant, de façon à s'imprégner en douceur et en tendresse des mots sacrés de cette sainte oraison.

Le troisième à claire et intelligible voix pour affirmer la foi.

2. ***Oraison***

Je vous salue et vous vénère, ô grand saint Expédit.

Vous qui avez été béni, baigné dès votre enfance par la lumière divine,

Je me tourne vers vous, vers votre magnanimité.

Je sais que votre bienveillance me sera bénéfique,
Et je me tourne humblement vers vous.

Supplique

Saint Expédit, écoutez-moi,
Saint Expédit, priez pour moi,
Saint Expédit, intercédez pour moi,
Saint Expédit, exaucez-moi !

Je sais que je ne suis qu'un pécheur indigne,
Que je me montre trop faible devant la tentation,
Que ma vie ne se déroule pas toujours
Selon les commandements de Dieu,
Il m'arrive d'oublier mes devoirs de chrétien,
Ma pratique est souvent faible
Ou irrégulière et j'en suis désolé
Je me laisse trop souvent entraîner
Par les futilités d'un monde frivole
Au lieu de penser à mon salut,
Mais j'aime Dieu de tout mon cœur,
Et je décide, aujourd'hui,
De le servir avec exactitude,
Dans le souci dévot d'accomplir
Sa volonté sur la terre,
Ici et maintenant.
Je veux vivre en respectant la loi divine
Pour la plus grande gloire du Seigneur.

Faites, ô saint Expédit que je puisse réussir (nommer ici l'examen ou le concours en question),
C'est une épreuve difficile,
Je sais que le bien vient de Dieu seul
Qu'il peut favoriser ma réussite, s'il m'en juge digne,
Je sais que Sa grande Lumière peut illuminer mon cœur…

Aussi je vous prie et demande, ô grand saint Expédit, de bien vouloir intercéder pour moi, auprès de Dieu, le Père, créateur du ciel et de la terre, auprès de Dieu, le fils, qui donna sa vie pour nous sauver, auprès de Dieu, le Saint-Esprit qui est le souffle de la vie, et qui sont un seul et unique Dieu en trois personnes, comme nous l'ont appris les saints apôtres pour la plus grande gloire du Seigneur.

Saint Expédit, écoutez-moi,
Saint Expédit, priez pour moi,
Saint Expédit, intercédez pour moi,
Saint Expédit, exaucez-moi !

Je sais que je ne suis qu'un pécheur indigne,
Que je me montre trop faible devant la tentation,
Que ma vie ne se déroule pas toujours
Selon les commandements de Dieu,
Il m'arrive d'oublier mes devoirs de chrétien,
Ma pratique est souvent faible
Ou irrégulière et j'en suis désolé
Je me laisse trop souvent entraîner
Par les futilités d'un monde frivole
Au lieu de penser à mon salut,
Mais j'aime Dieu de tout mon cœur,
Et je décide, aujourd'hui,
De le servir avec exactitude,
Dans le souci dévot d'accomplir
Sa volonté sur la terre,
Ici et maintenant.
Je veux vivre en respectant la loi divine
Pour la plus grande gloire du Seigneur.

C'est pourquoi je vous prie et demande, ô grand saint Expédit, de bien vouloir intercéder pour moi, auprès de Dieu, le Père, créateur du ciel et de la terre, auprès de Dieu, le fils, qui donna sa vie pour nous sauver, auprès de Dieu, le Saint-Esprit qui est le souffle de la vie, et qui sont un seul et unique Dieu en trois personnes, comme nous l'ont appris les saints apôtres pour la plus grande gloire du Seigneur.

Saint Expédit, écoutez-moi,
Saint Expédit, priez pour moi,
Saint Expédit, intercédez pour moi,
Saint Expédit, exaucez-moi !

Je sais que je ne suis qu'un pécheur indigne,
Que je me montre trop faible devant la tentation,
Que ma vie ne se déroule pas toujours
Selon les commandements de Dieu,
Il m'arrive d'oublier mes devoirs de chrétien,
Ma pratique est souvent faible
Ou irrégulière et j'en suis désolé
Je me laisse trop souvent entraîner
Par les futilités d'un monde frivole
Au lieu de penser à mon salut,
Mais j'aime Dieu de tout mon cœur,
Et je décide, aujourd'hui,
De le servir avec exactitude,
Dans le souci dévot d'accomplir
Sa volonté sur la terre,
Ici et maintenant.
Je veux vivre en respectant la loi divine
Pour la plus grande gloire du Seigneur.

J'ai entrepris des études,
J'ai voulu acquérir un savoir,
J'ai travaillé pour m'améliorer et obtenir une meilleure place au monde,
Je veux être capable d'exercer mon emploi avec capacité et compétence,

Je veux savoir bien me conduire dans ma profession,
En respectant ceux qui seront sous mes ordres,
En obéissant à mes supérieurs hiérarchiques.
Oui, je veux être un travailleur assidu,
Dans l'esprit de saint Joseph, ô saint Expédit,
Et qui fut charpentier, bon artisan, travailleur accompli.
Comme lui, je veux mériter le respect des autres travailleurs,
Et pour ceci, me perfectionner en réussissant cet examen (préciser de quelle épreuve il s'agit)
Avec l'aide de Dieu par votre intercession.

C'est pour cela que je vous prie et demande, ô grand saint Expédit, de bien vouloir intercéder pour moi, auprès de Dieu, le Père, créateur du ciel et de la terre, auprès de Dieu, le fils, qui donna sa vie pour nous sauver, auprès de Dieu, le Saint-Esprit qui est le souffle de la vie, et qui sont un seul et unique Dieu en trois personnes, comme nous l'ont appris les saints apôtres pour la plus grande gloire du Seigneur.

Saint Expédit, écoutez-moi,
Saint Expédit, priez pour moi,
Saint Expédit, intercédez pour moi,
Saint Expédit, exaucez-moi !

Je sais que je ne suis qu'un pécheur indigne,
Que je me montre trop faible devant la tentation,
Que ma vie ne se déroule pas toujours
selon les commandements de Dieu,
Il m'arrive d'oublier mes devoirs de chrétien,
Ma pratique est souvent faible
Ou irrégulière et j'en suis désolé
Je me laisse trop souvent entraîner
Par les futilités d'un monde frivole
Au lieu de penser à mon salut,
Mais j'aime Dieu de tout mon cœur,

Et je décide, aujourd'hui,
De le servir avec exactitude,
Dans le souci dévot d'accomplir
Sa volonté sur la terre,
Ici et maintenant.
Je veux vivre en respectant la loi divine
Pour la plus grande gloire du Seigneur.

Au nom du Père du Fils et du Saint-Esprit,
Ainsi soit-il.

3. Réciter trois *Je vous salue Marie*.

Le premier en silence en laissant les paroles résonner sans bruit dans le for intérieur sans qu'on puisse les entendre.

Le deuxième à mi-voix, en psalmodiant, de façon à s'imprégner en douceur et en tendresse des mots sacrés de cette sainte oraison.

Le troisième à claire et intelligible voix pour affirmer la foi.

Prière à saint Expédit pour l'obtention du permis de conduire

Sans doute faut-il penser que l'obtention d'un examen peut être cruciale. Même si le permis de conduire ne semble pas constituer une cause désespérée. Il est pourtant de tradition d'invoquer saint Expédit pour l'obtenir. Comme d'ailleurs, pour toute sorte d'examens.

Conduire et se conduire. Conduire bien et bien se conduire. Ne pas dévier de la bonne route. Peut-être faut-il penser, en notre temps d'accidents de la route souvent mortels que saint Expédit peut aussi veiller sur notre vigilance. Que ce soit sur la route matérielle, l'autoroute ou la route plus longue d'une vie chrétienne. De fait, passer le permis de conduire, l'obtenir engage et donne une responsabilité. L'écart peut être dangereux. Le respect du code de la route est impératif.

Pour la conduite elle-même, on invoque généralement saint Christophe. Saint Expédit est là pour l'épreuve elle-même, pour l'engagement du conducteur à ne pas devenir un chauffard, un assassin.

En même temps, Expédit patronne la jeunesse. Et, dans nos sociétés, d'une façon différente que pour les autres examens, le permis de conduire est une sorte de « rite de passage », sinon une initiation. Et l'on peut se souvenir d'Expédit revêtant la toge virile et devenant soldat : on passe à l'état de jeune adulte. Et la jeunesse, loin de l'insouciance enfantine devient un âge de responsabilité…

Bien évidemment, il convient d'avoir bien appris le code et la conduite ! Expédit n'aidera pas le négligent, ou le paresseux !

Prière du futur conducteur

Gloire à toi, saint Expédit, qui sut te diriger fermement vers la grâce divine !
Gloire à toi, jeune officier qui sut commander comme te commander à toi-même !
Gloire à toi, le protecteur, le bienveillant qui souffrit le martyre pour la gloire du Seigneur !

En te priant aujourd'hui, je pense à l'avenir, à demain, aux jours suivants. Je sais que le monde de la circulation routière est souvent dangereux. Et je désire ardemment que tu m'aides à obtenir du Seigneur tout puissant la précieuse vertu de prudence. Il est juste et bon de louer Dieu car sa bonté est ineffable.

Gloire à toi, saint Expédit, qui sut te diriger fermement vers la grâce divine !
Gloire à toi, jeune officier qui sut commander comme te commander à toi-même !
Gloire à toi, le protecteur, le bienveillant qui souffrit le martyre pour la gloire du Seigneur !

En te priant aujourd'hui, je n'ignore pas que la conduite automobile oblige à une certaine rigueur de vie. Je sais aussi que, parfois, dans certains états de faiblesse, l'être humain est tenté par les abus. Ces derniers sont à la fois une ruine pour l'âme et pour le corps. Mais au volant, ils peuvent devenir horriblement dangereux pour autrui.

Gloire à toi, saint Expédit, qui sut te diriger fermement vers la grâce divine !

Gloire à toi, jeune officier qui sut commander comme te commander à toi-même !

Gloire à toi, le protecteur, le bienveillant qui souffrit le martyre pour la gloire du Seigneur !

Pour la même raison qui doit m'inciter à la mesure et à la sobriété, afin de ne pas contrevenir à la sainte loi du Christ et pour ne pas mettre ma santé physique en danger, je dois penser à autrui. Et conduire d'une façon prudente pour préserver sa vie comme pour préserver la mienne et celle des miens. Car il est dit « aime ton prochain comme toi-même » et cet amour doit se manifester par la prudence et la précaution constante.

Gloire à toi, saint Expédit, qui sut te diriger fermement vers la grâce divine !

Gloire à toi, jeune officier qui sut commander comme te commander à toi-même !

Gloire à toi, le protecteur, le bienveillant qui souffrit le martyre pour la gloire du Seigneur !

Vénérable saint Expédit, je me suis donné les moyens de réussir : j'ai appris ce qu'il faut apprendre, je sais ce que je dois savoir. Aide-moi à maintenir une mémoire ferme tout en ne perdant pas mes moyens devant l'examinateur.

Gloire à toi, saint Expédit, qui sut te diriger fermement vers la grâce divine !

Gloire à toi, jeune officier qui sut commander comme te commander à toi-même !

Gloire à toi, le protecteur, le bienveillant qui souffrit le martyre pour la gloire du Seigneur !

Au nom de Dieu, le Père, Créateur de tout ce qui existe, de Dieu, le fils qui s'éteignit sur la croix pour le salut des hommes, de Dieu, le Saint-Esprit, qui est le Souffle Primordial,

Ainsi soit-il.

Litanie de saint Expédit

Par son caractère répétitif, la litanie permet aux paroles de pénétrer le cœur du fidèle. Le rythme lent de ces paroles imprègne le cœur et l'âme tandis que l'on considère successivement les puissances et les attributs de saint Expédit.

Qu'elle soit dite en solitaire ou en groupe, la litanie constitue un outil exemplaire pour le « vécu » intérieur de la foi.

Litanie

Seigneur, ayez pitié de nous.
Ô Christ, ayez pitié de nous.
Seigneur, ayez pitié de nous.
Ô Christ, écoutez-nous.
Ô Christ, exaucez-nous.
Dieu le Père céleste, ayez pitié de nous.
Dieu le Fils, Rédempteur du monde, ayez pitié de nous.
Dieu le Saint-Esprit, ayez pitié de nous.
Sainte Trinité, Dieu unique, ayez pitié de nous.

Sainte Marie, priez pour nous.
Sainte Mère de Dieu, priez pour nous.
Sainte Vierge des Vierges, priez pour nous.

Saint Expédit, priez pour nous.
Saint Expédit, modèle de la jeunesse, priez pour nous.

Saint Expédit, fils du vrai progrès de l'âme, priez pour nous.

Saint Expédit, parfait imitateur de Jésus-Christ, priez pour nous !

Saint Expédit, guide et soutien de ceux qui trébuchent, priez pour nous !

Saint Expédit, héraut de la gloire du Sauveur, priez pour nous !

Saint Expédit, qui brillez dans la gloire du Paradis, priez pour nous !

Saint Expédit, flamme de la divine charité, priez pour nous !

Saint Expédit, bouclier des soldats, priez pour nous !

Sait Expédit, consolateur des affligés, priez pour nous !

Saint Expédit, avocat des causes urgentes, priez pour nous !

Grand saint Expédit, me voici dans l'urgence et je me tourne vers vous qui êtes le soutien très charitable et très fidèle de ceux qui espèrent en vous, daignez, par l'intercession et les mérites glorieux de votre saint martyre, nous permettre d'acquérir cette même indulgence et cette même compréhension.

Ainsi soit-il.

Saint Expédit, ami de Jésus-Christ, priez pour nous.

Saint Expédit, très dévoué au culte de Marie, priez pour nous.

Saint Expédit, soldat de Dieu, priez pour nous.

Saint Expédit, homme spirituel, priez pour nous.

Saint Expédit, miroir de piété, priez pour nous.

Saint Expédit, bonne odeur du Christ, priez pour nous.

Saint Expédit, homme d'une très grande douceur, priez pour nous.

Saint Expédit, homme très miséricordieux, priez pour nous.

Saint Expédit, homme affamé et altéré de la justice, priez pour nous.

Saint Expédit, appelé de Dieu comme Aaron, priez pour nous.

Saint Expédit, ministre de Jésus-Christ, priez pour nous.

Saint Expédit, fait tout à tous, priez pour nous.

Saint Expédit, transporté de zèle pour le Seigneur Dieu des armées, priez pour nous.

Saint Expédit, dispensateur des mystères de Dieu, priez pour nous.

Saint Expédit, héraut de la vérité, priez pour nous.

Saint Expédit, modèle des soldats chrétiens, priez pour nous.

Saint Expédit, puissant en paroles et en œuvres, priez pour nous.

Saint Expédit, très attaché à la Chaire de Pierre, priez pour nous.

Saint Expédit, gardien dans la vigne du Seigneur, priez pour nous.

Saint Expédit, serviteur bon et fidèle, priez pour nous.

Saint Expédit, qui n'avez par reçu en vain la grâce de Dieu, priez pour nous.

Saint Expédit, qui avez entendu la parole de Dieu et qui l'avez gardée, priez pour nous.

Saint Expédit, qui avez tout sacrifié pour gagner Jésus-Christ, priez pour nous.

Saint Expédit, qui avez cherché d'abord le règne de Dieu et la justice, priez pour nous.

Saint Expédit, qui avez glorifié Dieu dans votre corps, priez pour nous.

Saint Expédit, qui avez engendré à Dieu votre père et votre mère, priez pour nous.

Saint Expédit, qui avez été le pasteur fidèle du troupeau du Seigneur, priez pour nous.

Saint Expédit, qui avez enseigné la justice à un grand nombre, priez pour nous.

Saint Expédit, exalté dans les cieux, priez pour nous.

Saint Expédit, glorifié sur la terre, priez pour nous.

Saint Expédit, illuminateur des esprits, priez pour nous.

Saint Expédit, santé des malades, priez pour nous.

Saint Expédit, terreur des démons, priez pour nous.

Saint Expédit, espoir des laboureurs, priez pour nous.

Agneau de Dieu, qui effacez les péchés du monde, pardonnez-nous, Seigneur.

Agneau de Dieu, qui effacez les péchés du monde, exaucez-nous, Seigneur.

Agneau de Dieu, qui effacez les péchés du monde, ayez pitié de nous.

Ô Christ, écoutez-nous.

Ô Christ, exaucez-nous.

Priez pour nous, ô bienheureux Expédit.

Afin que nous devenions dignes des promesses du Christ.

Prions.

Dieu tout-puissant et miséricordieux qui avez voulu que le Bienheureux Expédit, votre Confesseur, fût célèbre par ses vertus et miracles, accordez à notre humble supplication de nous laisser guider par les exemples et de jouir de la protection du Saint dont nous célébrons la mémoire. Par Jésus-Christ, Notre Seigneur.

Ainsi soit-il.

V. Deux neuvaines à saint Expédit

Pratique de la Neuvaine

Ancienneté

On ne saurait dire qui inventa la neuvaine, ce rituel de prières nombreuses qui sont aussi une seule prière étalée sur neuf jours. La tradition en semble fort ancienne sans qu'on puisse, avec nos connaissances actuelles, dater précisément son apparition dans la pratique des fidèles. Cet acte de foi demande une constance particulière comme une attitude profonde dans l'offrande de soi à Dieu et au saint que l'on prie.

La neuvaine traditionnelle à saint Expédit participe d'une sorte d'exploration des attributions et des puissances de ce saint remarquable. Elle est fréquemment pratiquée à la Réunion, soit en groupe, soit en solitaire. Mais elle n'est pas rare dans les contrées où la popularité d'Expédit, le légionnaire martyr est moins populaire.

La neuvaine est un acte de volonté, un effort, un appel. En effet, prier un Saint ou une Sainte durant neuf jours consécutifs est un choix, un engagement. La neuvaine demande contemplation, méditation, concentration extrêmes !

En mémoire d'Expédit

En cela, cette façon de prier correspond parfaitement à l'esprit du légionnaire de la « Fulminante ». La neuvaine est une urgence constante tout en demandant de la ténacité. On doit, pour s'y conformer, abandonner les faux-semblants, atteindre l'honnêteté profonde d'un cœur chrétien. Cette rigueur doit nous rappeler celle d'Expédit, l'inflexible chrétien qui refusa d'abjurer alors qu'on le soumettait aux pires tortures ! Il fut tenace et constant, assumant, en toute responsabilité, les conséquences de son engagement en Christ, notre Seigneur qui donna sa vie pour nous sauver.

Responsabilité ? Voilà un mot qui sonne juste ! Car une neuvaine engage la responsabilité de qui s'y consacre. Ce n'est pas un acte que l'on doit poser à la légère. C'est un véritable itinéraire de la foi. Et, si l'on y est assidu, conscient, concentré, on verra que quelque chose aura changé en nous après ces neuf jours d'oraisons assidues. La neuvaine est là pour que l'on s'améliore. Pour qu'on approfondisse sa foi.

Un acte, une volonté

Il faut considérer les neuvaines en tant qu'acte de prière délibéré, choisi, voulu, joint à un retour sur soi. Nous avons bien dit : acte ! Car la prière, particulièrement en ce cas, doit être pensée en action, en volonté, en puissance. En action, d'abord, afin que la conviction prenne tout son sens : la neuvaine est une rupture, par rapport au temps ordinaire de la vie quotidienne, et même au temps liturgique. Du moins, elle se superpose à la vie habituelle, rompt les routines et amène à l'éveil.

L'éveil... Pensons à la conversion d'Expédit. À ce moment où, après de lentes maturations, il n'hésita plus, ne tergiversa plus et proclama sa foi... Il fallait du courage, certes, mais une forte conscience de soi en Dieu. Et la prière d'Expédit s'éleva vers le Ciel d'une façon cruciale, en toute confiance, en toute espérance...

Aussi, et nous y insistons, serait-il vain d'appeler un saint Expédit pour un bobo ou un tout petit souci ! On ne prend pas un canon pour tuer une mouche ! Ceci est particulièrement vrai pour saint Expédit, auquel on ne doit s'adresser que pour les causes graves. Sans oublier qu'une neuvaine peut aussi être une action de grâces, un remerciement ou tout simplement une reconnaissance admirative pour ce saint merveilleux dont la sollicitude, la compassion, la commisération sont sans limites ! N'hésitons pas à le prier sans but précis, sinon la volonté tenace d'honorer sa mémoire et sa grandeur sublime.

Le nombre 9

Le nombre 9 est, dans toutes les traditions ou presque, le signe de la rédemption, du renouvellement, de la résurrection symbolique et de la (re)naissance. Il faut y voir le temps de gestation, des neuf mois précédants une naissance. De fait, la neuvaine doit être une nouvelle gestation, une renaissance personnelle, une rénovation : la langue française offre une troublante homonymie entre ce nombre et ce qui vient d'exister : la neuvaine nous « remet à neuf » !

Il faut aussi penser à la neuvième heure, celle de la mort du Christ. Nous voici dans l'ambiguïté : nous pleurons le Seigneur, torturé et exécuté, tandis que nous nous réjouissons que sa mission soit accomplie, pour le Salut, la Rédemption. Ainsi, le nombre 9 doit-il être considéré, dans le cas d'une neuvaine, comme proposant la joie, mais aussi le repentir...

Deux façons…

La neuvaine se pratique principalement de deux façons : soit durant neuf jours consécutifs à n'importe quelle date qu'on choisira, soit en se terminant le jour de la fête du Saint auquel elle est consacrée. En ce cas, on tiendra compte des saints correspondants à chaque jour, en complémentarité avec celui que l'on vénère particulièrement. Quelle qu'en soit la forme, prière unique ou groupement de prières différentes, il s'agit toujours de neuvaines et d'une ouverture particulière de l'âme comme de l'esprit, d'une disponibilité extrême à Dieu.

Le but des neuvaines

Ce chemin mène à l'amélioration de notre vie chrétienne. Le but de la neuvaine est de prier mieux. Mais aussi de trouver son « être soi » en Dieu. C'est une recherche de pureté et de proximité avec le saint choisi. Il faut absolument essayer de mieux comprendre cet homme, ce jeune homme que fut Expédit, puisqu'il va nous accompagner durant neuf jours sur un chemin splendide ! Car prier, c'est cheminer en compagnie sur la voie du Salut. Nous ne sommes plus seuls sur cette route parfois âpre : saint Expédit nous accompagne et c'est un excellent guide ! Ce compagnon de route va ainsi devenir encore plus proche de nous. Nous marcherons avec lui, en toute confiance. Et ce voyage va apaiser notre cœur, renforcer notre âme. Nous rapprocher du Christ…

Attention ! La neuvaine participe de toute prière, elle est un ensemble de prières et une seule grande prière en même temps. Dans sa complétude, elle demande un engagement particulier et implique éventuellement un bouleversement de la vie du croyant qu'elle doit remettre en cause. Si l'on ne sent pas, après une neuvaine, que « quelque chose a changé », c'est qu'on ne s'est pas assez engagé !

Résultats

L'efficacité de la neuvaine est surprenante ! En effet, que ce soit pour obtenir une grâce ou pour louer simplement un saint, il faut savoir que la neuvaine est très rapidement suivie d'effets. Si l'on a fait un vœu, il se réalisera d'une façon spectaculaire, voire prodigieuse. Mais il se pourra aussi que la vie de l'orant, de celui qui a pratiqué la neuvaine s'en trouve toute bouleversée. Parfois, on change de lieu de résidence, on trouve un nouvel emploi, ou encore on découvre de nouvelles perspectives absolument impensables auparavant ! Aussi faut-il, dans la mesure du possible, se préparer à revoir profondément sa façon d'être !

Maintenant, si nous nous sentons prêts à vivre une véritable « aventure intérieure » passionnante, entamons une neuvaine. En sachant que ça modifiera notre vie. Cette aventure intérieure, reconversion, métalloïde ou renaissance doit être abordée résolument. Et avec confiance ! On doit s'en remettre au saint que l'on a choisi, lui faire confiance et s'offrir de tout cœur à sa bienfaisance : il faut savoir recevoir autant que donner. Et c'est l'un des plus purs aspects de la foi.

Première Neuvaine à saint Expédit

La neuvaine peut évidemment se pratiquer à n'importe quelle période de l'année. Un usage ancien est de s'y consacrer à partir du neuvième jour précédant la fête du saint que l'on prie, c'est-à-dire le 19 avril pour saint Expédit. Cette neuvaine est très populaire, sous différentes formes, à la Réunion.

Certains croyants ajoutent à ces prières quotidiennes, une courte prière de salutation aux saints régissant chacun des huit jours concernés. C'est un excellent usage qui nous permet de faire connaissance avec des saints que nous ignorons parfois.

Neuvaine « réunionnaise » à saint Expédit

Premier jour : La jeunesse

Protecteur de la jeunesse, saint Expédit en représente les qualités : fougue, adaptation, élan vers la pureté, etc.

Mais il ne s'agit pas seulement de la jeunesse du corps : celle de l'esprit, et a fortiori de l'âme, sont ici protégées.

Un esprit jeune se remet en question, continue à chercher en soi, à s'interroger sur son propre être.

Un esprit jeune ne refrène pas ses élans, ne mesure pas son effort, ne s'économise pas pour faire le bien, tâchant même souvent de dépasser l'humble mesure de ses possibilités !

Car l'homme veut aussi se surpasser.

Mais pas par des tours de force, des numéros de cirque, des records car l'avidité de la performance nuit à l'appel de la perfection !

Et ce surpassement n'est parfois pas visible pour la plupart.

L'accueil de Dieu en soi est signe de jeunesse : c'est un nouveau baptême, une communion neuve.

Chaque acte pétri de foi nous rajeunit, et nous ramène à la native pureté que donnait le Baptiste, en ces temps révolus, dans le désert…

L'âme est éternelle. Elle n'a ni âge ni durée. Mais c'est en lui conservant la fraîcheur de l'enfance, malgré l'usure du temps que l'on se sentira plus apte à recevoir l'immense don de Dieu.

1. *Ô saint Expédit, je viens à toi, implorant ta prompte assistance, afin que ta puissante intercession m'obtienne de l'infinie bonté du Seigneur le secours que, très humblement, je sollicite de sa divine miséricorde.*

2. *Ô saint Expédit qui, en pleine jeunesse, a sacrifié ta vie pour la plus grande gloire du Christ, notre Dieu, obtiens-nous, par les mérites de ton martyre, que durant toute notre vie notre âme soit illuminée d'une pureté candide.*

Si vous ne changez pas et ne devenez pas comme des enfants, a dit Notre Seigneur, vous n'entrerez point dans le Royaume des cieux.

Ô saint Expédit, aide-nous par ta puissante intercession, à acquérir cet esprit de simplicité dans l'intention de pureté dans l'affection envers Notre Père des Cieux.

Prie pour moi, saint Expédit, pour moi qui vieillis dans le péché et dont les passions mal contenues flétrissent mon âme et la souillent par tant d'offenses envers son Créateur et Rédempteur.

Fais que, dès ici-bas je puisse jouir de cette éternelle jeunesse afin qu'ayant les mains innocentes et le cœur pur, je sois digne de monter à la montagne du Seigneur et de me tenir dans son lieu Saint. C'est pourquoi, si ma main est un sujet de scandale, aide-moi à l'arracher, afin que mon cœur purifié resplendisse sous la grâce comme le cristal au feu du soleil. Ainsi Dieu m'aimera et me fera entrer dans sa maison.

3. *Que la Très Sainte Vierge, pureté parfaite, daigne intercéder pour nous auprès de son divin fils. Amen.*

4. *Ô Christ, protège-nous demain et toujours; mais surtout aujourd'hui.*

Ô Marie conçue sans péché, priez pour nous qui avons recours à vous.

Saint Expédit, patron de la jeunesse, priez pour nous.

5. Réciter trois *Notre Père.*

Le premier en silence en laissant les paroles résonner sans bruit dans le for intérieur sans qu'on puisse les entendre.

Le deuxième à mi-voix, en psalmodiant, de façon à s'imprégner en douceur et en tendresse des mots sacrés de cette Sainte oraison.

Le troisième à claire et intelligible voix pour affirmer la foi.

Réciter de même trois *Je vous salue Marie*, puis trois *Gloria*.

Deuxième jour : Le courage

Il ne s'agit pas seulement du courage guerrier, des vertus martiales dont saint Expédit fut pourtant l'exemple.

Non, il n'y a là rien de glorieux en apparence…

Si ce dernier est parfois nécessaire, n'oublions pourtant pas qu'il est un courage intérieur, celui de la connaissance de soi en Dieu.

Celui de l'examen, dans son for intérieur, ce « tribunal de la conscience » de nos fautes et péchés.

L'héroïsme peut tout aussi bien se montrer apparemment généreux et constituer surtout un suprême égoïsme !

Il arrive que pour le plaisir d'un rengorgement personnel et fatal, certains n'hésitent pas à prendre des risques, à sacrifier leurs vies.

Ceci outrageusement, avec pose, attitude, humour et dédain, dérision et panache !

Là n'est pas la grande gloire du martyr.

Là n'est pas son espérance.

Car la mort en Jésus du sacrifice offert ne se passe guère par bravade, par révolte et ne présente aucune beauté, aucune élégance visible.

Non, il n'y a là rien de glorieux en apparence…

Au contraire, il est extérieurement sordide et infamant.

C'est, par exemple la croix d'infamie, supplice réservé aux esclaves méprisés, aux voleurs de bas étage, aux séditieux ignobles ! Et que le Christ a choisi et enduré !

C'est le bûcher horrible et déshonorant.

C'est la décapitation humiliante et parfois grotesque accompagnée de sarcasmes inconvenants, de « blagues » obscènes et de grossièretés affligeantes !

Car la soldatesque vulgaire et les ribauds salaces aiment voir de près la mort des malheureux.

Ils s'en font un spectacle de joie maussade.

Et de cruauté.

Et là, si nous sommes sincères, nous comprendrons ce qu'est le courage intime, intérieur et subtil d'une véritable âme chrétienne !

Car on ne triche que difficilement avec soi-même.

Mais on ne peut absolument pas tricher avec le regard de Dieu en soi… Prions !

1. *Ô saint Expédit, je viens à toi, implorant ta prompte assistance, afin que ta puissante intercession m'obtienne de l'infinie bonté du Seigneur le secours que, très humblement, je sollicite de sa divine miséricorde.*

2. *Ô, saint Expédit dont le glaive a rompu la divine louange qui s'exhalait de tes lèvres au seuil même de la mort, aide-nous à demeurer toujours fidèle au Seigneur.*

Quels que soient nos opprobres, les injures, les menaces, ap-

prends-nous à vaincre ce misérable amour-propre, cause de tant de lâchetés et de parjures.

Quand une armée se rangerait en bataille contre moi, que mon cœur ne craigne point. Que des orgueilleux se lèvent contre moi, que des hommes violents en veuillent à ma vie, qui ne mettent point Dieu devant leurs yeux, qu'importe, Dieu vient à mon aide, le Seigneur est le soutien de ma vie.

Sans la grâce divine, je demeure sans force et sans courage...

Au jardin des oliviers, les apôtres ont fui...

Mais moi, qui les imite si souvent, qui suis-je ?

Avec Jésus ou avec Judas ?

N'ai-je point renié mon Maître plus de trois fois ?

Ne l'ai-je jamais trahi ?

Non, je n'ai pas encore résisté jusqu'au sang.

Ô saint Expédit, quoi qu'il advienne aide-moi à combattre vaillamment car refuser de combattre, c'est refuser la couronne

3. *Que la très Sainte Vierge, au surhumain courage nous soutienne et nous garde. Amen.*

4. *Ô Christ, protège-nous demain et toujours ; mais surtout aujourd'hui.*

Ô Marie conçue sans péché, priez pour nous qui avons recours à vous.

Saint Expédit, patron de la jeunesse, priez pour nous.

5. Réciter trois *Notre Père.*

Le premier en silence en laissant les paroles résonner sans bruit dans le for intérieur sans qu'on puisse les entendre.

Le deuxième à mi-voix, en psalmodiant, de façon à s'imprégner en douceur et en tendresse des mots sacrés de cette Sainte oraison.

Le troisième à claire et intelligible voix pour affirmer la foi.

Réciter de même trois *Je vous salue Marie*, puis trois *Gloria*.

Troisième jour : La promptitude

La promptitude n'est pas la précipitation : aller vite, c'est parfois distendre le temps, un peu comme dans une image au ralenti.

On agit avec célérité, mais notre temps intérieur procède de l'éternité de l'âme.

L'esprit doit être vif, certes, mais il doit aussi commander à la chair et, par la promptitude, l'abandon de toute procrastination (ne pas remettre au lendemain ce qui est urgent !) comprendre l'urgence de se convertir à Dieu, sans cesse, à chaque moment, à chaque instant, ici et maintenant et pour les siècles des siècles, si nous voulons connaître la splendeur sublime des Verts Pâturages ou paissent les brebis de Notre Seigneur Jésus, le Christ Roi.

La promptitude représente l'élan sublime, la tension extrême vers l'amour de Dieu, la volonté d'entendre les divins mystères et d'en comprendre la profondeur qui nous concerne tous et chacun à la fois !

La promptitude est une demande urgente à sa propre volonté d'épanouir sa grandeur en hommage à notre Sauveur.

C'est une façon de pensée dirigée vers le ciel et qui emporte avec elle la force, la détermination des amours humaines transcendées par l'amour de Dieu et le désir inspiré des élévations éternelles !

C'est l'ampleur même de la condition humaine dans ses plus pures aspirations.

1. *Ô saint Expédit, je viens à toi, implorant ta prompte assistance, afin que ta puissante intercession m'obtienne de l'infinie bonté du Seigneur le secours que, très humblement, je sollicite de sa divine miséricorde.*

2. *Ô saint Expédit, dont le nom rappelle qu'il ne faut jamais remettre au lendemain pour prier, ô toi qui écrase le corbeau sinistre qui nous invite à attendre et à temporiser, fais que désormais, sans hésitation ni paresse, j'obéisse spontanément à la volonté du Seigneur, afin qu'il soit servi sans retard et toujours avec amour car celui qui aime court, vole, et rien ne l'arrête…*

Le Seigneur est continuellement présent à nos côtés, immanent en nous, prêt à exaucer nos prières, à nous sauver en nous offrant de nous arracher aux tentations du péché...

Et j'oserais lui mesurer mes actes, mon obéissance, mon sacrifice, moi qui n'ai même pas mérité d'être, au lieu de m'élancer empli de zèle et d'amour à son premier appel ?

Ce qui éloigne de nous les consolations c'est que nous recourons trop tard à la prière.[1]

Comme l'éclair... ainsi sera l'avènement du fils de l'homme.

Ô saint Expédit, que cette prophétie me fasse toujours souvenir que je dois, moi aussi être prompt et veiller, pour qu'à son retour le Maître ne trouve point son serviteur endormi et sans huile dans sa lampe, comme les vierges folles.

3. *Que la Très Sainte Vierge, pureté parfaite, qui spontanément répond : Fiat à la demande du Seigneur, nous exalte et nous aide !*

Amen.

4. *Ô Christ, protège-nous demain et toujours ; mais surtout aujourd'hui.*

Ô Marie conçue sans péché, priez pour nous qui avons recours à vous.

Saint Expédit, patron de la jeunesse, priez pour nous.

5. Réciter trois *Notre Père.*

Le premier en silence en laissant les paroles résonner sans bruit dans le for intérieur sans qu'on puisse les entendre.

Le deuxième à mi-voix, en psalmodiant, de façon à s'imprégner en douceur et en tendresse des mots sacrés de cette Sainte oraison.

Le troisième à claire et intelligible voix pour affirmer la foi.

Réciter de même trois *Je vous salue Marie*, puis trois *Gloria*.

[1] Thomas A Kempis, *Imitation de Jésus-Christ.*

Quatrième jour : La justice

La justice est l'un des tout premiers besoins de l'âme humaine.

Elle est l'aspiration de tous, même des injustes qui ne peuvent agir qu'en référence à elle, même s'il s'agit de la bafouer.

Comme le blasphème, dans son abjection, est une reconnaissance de Dieu, l'injustice montre que la justice existe, en fait de plus en plus ressentir le besoin.

Comment être juste, juste en soi-même, juste en Dieu, juste au monde et parmi les hommes ? Nul ne le sait vraiment.

Bienheureux en justice, nous deviendrons plus purs.

Car c'est en cela même que se pose l'aspiration explicite de l'être.

La justice n'est pas décorative, souvent, elle gêne.

Ce sont les situations de crise du sens, de la compréhension du monde qui nous rende parfois la justice trop abstruse. En même temps, ceci nous permet de plonger au plus profond dans les structures humaines, voire identitaires de la justice visible !

Mais n'oublions pas que Dieu possède seul la véritable justice.

Celle qui nous semble souvent par trop paradoxale !

On la trouve indélicate, car en donnant la victoire au plus pauvre, elle semble se complaire dans ce qui nous paraît laid.

Et pourtant !

Aucune beauté manifeste n'égale sa splendeur !

Et pourtant !

Nous ne savons plus voir avec les yeux du cœur !

Aussi convient-il de prier saint Expédit qui saura nous guider sur cette voie difficile.

1. *Ô saint Expédit, je viens à toi, implorant ta prompte assistance, afin que ta puissante intercession m'obtienne de l'infinie bonté du Seigneur le secours que, très humblement, je sollicite de sa divine miséricorde.*

2. *Ceux que Dieu a prédestinés, il les a aussi appelés ; ceux qu'il a appelés, il les a justifiés, ceux qu'il a justifiés, il les a aussi glorifiés... Écrit saint Paul.*

Et comme le Seigneur t'a ainsi justifié et glorifié, ô saint Expédit, nous avons recours à ta fidèle intercession pour obtenir de Notre Père des Cieux cette grâce infiniment précieuse qu'il réserve à ses élus.

Quand une touche d'amour divin vient effleurer notre âme, sous l'influx de la grâce qui s'épanouit en nous, nous croyons déjà être des élus, alors que nous ne sommes que des privilégiés.

Écarte de nous, saint Expédit, cette trompeuse pensée qui risque de nous perdre et emplis, au contraire, notre esprit d'une crainte salutaire de la justice divine, ne laissant reposer notre espoir qu'en l'infinie miséricorde du Seigneur.

Ce n'est que par elle que nous pouvons obtenir d'être justifiés, car notre nature perverse est indigne par elle-même du moindre mérite.

C'est par le repentir de nos fautes que nous trouverons grâce devant le Juge Suprême, et non par l'exaltation de nos œuvres.

Aide-moi à toujours me souvenir que quoi que je fasse, je dois me considérer comme un serviteur inutile et indigne.

3. *Que la très Sainte Vierge, Miroir de justice, nous protège et nous aide. Amen.*

4. *Ô Christ, protège-nous demain et toujours ; mais surtout aujourd'hui.*

Ô Marie conçue sans péché, priez pour nous qui avons recours à vous.

Saint Expédit, patron de la jeunesse, priez pour nous.

5. Réciter trois *Notre Père.*

Le premier en silence en laissant les paroles résonner sans bruit dans le for intérieur sans qu'on puisse les entendre.

Le deuxième à mi-voix, en psalmodiant, de façon à s'imprégner en douceur et en tendresse des mots sacrés de cette Sainte oraison.

Le troisième à claire et intelligible voix pour affirmer la foi.

Réciter de même trois *Je vous salue Marie*, puis trois *Gloria*.

Cinquième jour : L'humilité

L'humilité est un but admirable.

Elle demande la constance.

Elle demande une énergie sans agitation.

Elle demande force et résistance.

Elle demande ?

Non : elle exige !

Mais ce n'est pas une tyrannie.

C'est un choix pur et grave dont la hauteur sublime satisfait le Seigneur.

C'est une offrande !

Mais attention, chaque victoire est constamment remise en question !

L'orgueil, la vanité, la suffisance nous guettent patiemment et parfois, au moment même où l'on croit avoir enfin progressé sur la voie de l'humilité, nous voici victime soudaine de superbe impardonnable !

On a même vu des dévots se vantant d'être humbles !

Ce qui est évidemment un orgueil paradoxal, mais suprême !

Si l'humilité s'y oppose, elle n'est pas le contraire de la fierté ; on peut, on doit, on se doit d'être humble devant Dieu et fier d'être chrétien !

Notre vie d'amour en Christ est parfois paradoxale et l'orgueil nous mène bien trop facilement.

Les apparences sont trompeuses et nous nous y fions évidemment, car elles sont là pour nous égarer, subtiles, souvent, ou encore posant explicitement de fausses évidences…

L'humilité nous fait comprendre nos erreurs lorsque nous ne considérons que ce qui est facile à voir et à comprendre.

Quand nous ne percevons pas, même pas intuitivement ce qui est caché à dessein !

1. *Ô saint Expédit, je viens à toi, implorant ta prompte assistance, afin que ta puissante intercession m'obtienne de l'infinie bonté du Seigneur le secours que, très humblement, je sollicite de sa divine miséricorde.*

2. *Ô saint Expédit, c'est dans l'humble attitude de la prière, agenouillé et le front bas, que le glaive est venu t'arracher à cette vie !*

Chef de légion, jeune et honoré, tu as cependant su mépriser ces vanités pour cueillir la palme du martyre, que jamais nul ne saura te ravir et devant laquelle le divin cœur de Notre Seigneur tressaille d'un éternel amour.

Apprends-moi, saint Expédit, à devenir humble et à vaincre tout cet orgueil qui bouillonne en moi... À quoi sert de conquérir le monde si l'on en vient à perdre son âme ?

Ô saint Expédit, prie le Seigneur de préserver son serviteur afin que l'orgueil ne le domine pas ! Alors, je serai intègre et purifié de grands péchés.

Aide-moi, ô Saint très glorieux à imiter celui qui était doux et humble de cœur et qui pour nous racheter, lui, le fils de Dieu, n'a pas hésité à descendre au niveau le plus méprisé de notre condition humaine pour y mourir sous l'infamant supplice de la croix.

Que jamais je ne compte avoir fait le moindre progrès tant que je ne me croirai pas fermement au-dessous de tous les autres.

3. *Que la très Sainte Vierge, Miroir de justice, nous protège et nous aide. Amen.*

4. *Ô Christ, protège-nous demain et toujours ; mais surtout aujourd'hui.*

Ô Marie, refuge des pécheurs, priez pour nous !

Saint Expédit, qui avez été frappé de verges, priez pour nous !

5. Réciter trois *Notre Père.*

Le premier en silence en laissant les paroles résonner sans bruit dans le for intérieur sans qu'on puisse les entendre.

Le deuxième à mi-voix, en psalmodiant, de façon à s'imprégner en douceur et en tendresse des mots sacrés de cette Sainte oraison.

Le troisième à claire et intelligible voix pour affirmer la foi.

Réciter de même trois *Je vous salue Marie*, puis trois *Gloria*.

Sixième jour : Le renoncement

Voici une attitude d'esprit qui n'est plus guère à la mode !

Les tendances actuelles se préoccupent plutôt de consommation et d'esbroufe.

Tout n'est que spectacle, que désir entretenu, que besoins artificiels cultivés, créés dans l'esprit de commerce, de vente et de profit.

Qui renonce ?

Qui veut renoncer ?

Des déferlements de richesses abusives sont là, exhibés, comme autant d'insultes à la misère !

C'est un raz-de-marée de luxe et d'inutilité !

Aussi devons-nous essayer de comprendre, non pas les raisons de cette désaffection, mais en quoi le renoncement est plus sage, plus humble, plus chrétien que tout ce fatras d'égoïsme matériel.

Comment démêler l'écheveau confus des liens qui nous entravent ?

Ce ne sont que glorioles et fausses joies humaines !

Ce ne sont qu'attirances qui finiront par décevoir.

Leurres et appâts souvent désastreux et qui nous ruinent l'âme...

Agréables balivernes, cependant, petits riens de la terre qui nous charment et séduisent...

Et pourtant, il faut lutter.

Pied à pied.

S'arc-bouter.

Résister.

Car il est doux et tendre le visage du mal !

Car il est savoureux de s'attacher vainement aux biens de cette terre !

Et c'est ainsi que le mal insidieux nous pervertit sans même que nous en prenions conscience.

Et lorsque nous en prenons conscience, il est déjà trop tard !

1. *Ô saint Expédit, je viens à toi, implorant ta prompte assistance, afin que ta puissante intercession m'obtienne de l'infinie* *bonté du Seigneur le secours que, très humblement, je sollicite de sa divine miséricorde.*

2. *Quittez tout et vous trouverez tout... Ô saint Expédit, toi qui as su comprendre le sens absolu de cette promesse en perdant tout pour gagner Jésus-Christ, prie pour nous afin que nous parvenions, nous aussi à ce détachement de tous les biens de ce monde.*

Si tu veux venir avec moi a dit le Christ, prends ta croix et suis-moi... Mais combien difficile à réaliser est ce précepte!

Qui nous délivrera de ce corps de mort.

Ô saint Expédit, de toute la force de mon âme, je te prie de demander au Seigneur les grâces nécessaires pour que je ne m'attache plus qu'en lui, moi seul et unique bien car je me meurs en lui, avec lui aussi je vivrai.

3. *Que la très Sainte Vierge, Miroir de justice, nous protège et nous aide.*

Amen.

4. *Ô Christ, protège-nous demain et toujours; mais surtout aujourd'hui.*

Ô Marie, Reine des martyrs, priez pour nous!

Saint Expédit, qui avez tout perdu pour trouver Jésus-Christ, priez pour nous.

5. Réciter trois *Notre Père.*

Le premier en silence en laissant les paroles résonner sans bruit dans le for intérieur sans qu'on puisse les entendre.

Le deuxième à mi-voix, en psalmodiant, de façon à s'imprégner en douceur et en tendresse des mots sacrés de cette Sainte oraison.

Le troisième à claire et intelligible voix pour affirmer la foi.

Réciter de même trois *Je vous salue Marie,* puis trois *Gloria.*

Septième jour : La foi

La foi soulève des montagnes…

Elle est la condition absolue de la dévotion, de l'amour.

Cependant, elle faiblit parfois.

De plus, la foi d'un enfant n'est pas celle d'un vieil homme : tout évolue au fil du temps.

La foi s'affermit, s'affirme, s'approfondit.

C'est l'étude de toute une vie.

La foi constitue le substrat de ce que nous sommes en Dieu.

La prière la révèle plus que tout grand mot !

En effet : *La foi n'est pas le fruit de raisonnements logiques, ni le terme d'un calcul mathématique.*[2]

C'est une expérience.

C'est un état en mouvement.

C'est une action stable.

Et c'est ce qui nous fonde, dans l'amour de Dieu !

1. *Ô saint Expédit, je viens à toi, implorant ta prompte assistance, afin que ta puissante intercession m'obtienne de l'infinie bonté du Seigneur le secours que, très humblement, je sollicite de sa divine miséricorde.*

2. *Ô saint Expédit dont la foi n'a pas chancelé en face du bourreau, obtiens-nous que la nôtre ne fléchisse sous le bien léger fardeau de nos petites épreuves quotidiennes.*

Qui n'est jamais avec moi est contre moi, a dit le Seigneur.

Ô saint Expédit, prie pour que ni le doute ni l'affliction ne servent de complices à ma faiblesse et à ma lâcheté naturelles !

Viens à mon secours dans ces moments de trouble et de désarroi afin que mon cœur, animé d'une foi plus ardente voit renaître en lui la paix et la sécurité.

Je veux être au Christ, je veux, comme toi, saint Expédit, être son légionnaire pour la conquête des âmes, après avoir vaincu la mienne, encore rebelle.

[2] Abbé Pierre, *Mémoires d'un croyant*, 1994.

Le Dieu des armées est avec nous c'est pourquoi je dois être sans crainte même si la terre est bouleversée et si les montagnes s'abîment au sein de la mer.

Prie, saint Expédit, pour que le Seigneur m'accorde ta foi invincible, afin qu'au jour suprême, je sois digne d'entendre sa bouche adorable répéter pour moi cette sentence d'éternel bonheur: tes péchés sont pardonnés. Va en paix. Ta foi t'a sauvé!

3. *Que la très Sainte Vierge, Miroir de justice, nous protège et nous aide. Amen.*

4. *Ô Christ, protège-nous demain et toujours; mais surtout aujourd'hui.*

Ô Marie, reine des confesseurs, priez pour nous!

Saint Expédit, invincible athlète de la foi, priez pour nous!

5. Réciter trois *Notre Père.*

Le premier en silence en laissant les paroles résonner sans bruit dans le for intérieur sans qu'on puisse les entendre.

Le deuxième à mi-voix, en psalmodiant, de façon à s'imprégner en douceur et en tendresse des mots sacrés de cette Sainte oraison.

Le troisième à claire et intelligible voix pour affirmer la foi.

Réciter de même trois *Je vous salue Marie,* puis trois *Gloria*

Huitième jour: L'Espérance

L'espérance se cultive, se transmet, s'enseigne, s'apprend...

Ce n'est pas un état hasardeux, qui « tombe du ciel », soudain, inopiné.

Le véritable espoir procède de la foi.

Il est avec l'Amour, il est dans l'amour.

Il se construit, il est volontaire, déterminé, serein.

Il est comme le fer qu'on forge, une chaleur suprême, une violence éclatante, un effort durable...

C'est la lenteur aussi, la construction patiente, pas-à-pas, petit à petit de nos êtres en Dieu, de nos êtres en soi.

C'est la condition de vie.

Qui n'espère pas brasse du vent !

Qui n'espère pas chemine à côté des gouffres avides, des abîmes de fausse joie, de déception, d'ennui…

D'ennui, surtout et de désarroi, au long de journées vides en disant : « à quoi bon » ?

D'ennui toujours fautif : qui s'ennuie n'aime pas.

Et Dieu s'en offusque !

Choisissons l'espérance, courtisons-la !

Elle ne se refusera pas !

Elle se laissera séduire et nous séduira !

Elle nous donnera sa constance et sa foi !

C'est une force puissante que l'on acquiert à force de bonne volonté, en refusant les pensées complaisantes ou négatives.

L'espérance est un devoir.

1. *Ô saint Expédit, je viens à toi, implorant ta prompte assistance, afin que ta puissante intercession m'obtienne de l'infinie bonté du Seigneur le secours que, très humblement, je sollicite de sa divine miséricorde.*

2. *Attends un peu, mon âme, attends la divine promesse et tu posséderas dans le ciel tous les biens en abondance…*

Fort de cette assurance, ô saint Expédit, tu n'as pas hésité à mépriser toutes les vaines joies de cette courte existence, nous rappelant, par ton généreux sacrifice que la grâce du Seigneur est meilleure que la vie.

Obtiens-nous, ô saint Expédit, cette précieuse vertu qui nous tiendra les yeux fixés sur celui de qui nous devons tout attendre car, dit saint Augustin, Rien n'est aussi opposé à l'espérance que de regarder derrière soi et trop souvent, mon attachement aux créatures de ce monde empêche mes élans vers Dieu.

Nous sommes amarrés au port de l'espérance, dit saint Grégoire, par les bienfaits passés comme par d'énormes câbles...

Hélas, combien plus énormes sont ceux qui me rivent à cette terre!

Aide-moi, saint Expédit, à rompre tous ces liens pour libérer mon essor, pour qu'alors je puisse dire: J'ai cherché partout le repos, et c'est dans l'héritage du Seigneur que je demeurerai.

3. *Que la très Sainte Vierge, notre fidèle espérance, nous défende et nous garde. Amen.*

4. *Ô Christ, protège-nous demain et toujours; mais surtout aujourd'hui.*

Ô Marie, Avocate des pécheurs, priez pour nous!

Saint Expédit, soutien très fidèle de ceux qui espèrent en vous, priez pour nous!

5. Réciter trois *Notre Père.*

Le premier en silence en laissant les paroles résonner sans bruit dans le for intérieur sans qu'on puisse les entendre.

Le deuxième à mi-voix, en psalmodiant, de façon à s'imprégner en douceur et en tendresse des mots sacrés de cette Sainte oraison.

Le troisième à claire et intelligible voix pour affirmer la foi.

Réciter de même trois *Je vous salue Marie,* puis trois *Gloria*

Neuvième jour: La Charité

Voici ce qui distingue le chrétien de tous les autres religieux: la charité, chez lui, est plus intime, plus fondamentale que dans n'importe quelle autre croyance dans lesquelles elle se résout en obligations et en rituels parfois ostentatoires et gesticulants.

Pour nous, la charité est une fleur timide, un myosotis minuscule et beau, puisque ce mot en grec signifie: « n'oublie pas »

Charité bien ordonnée commence par soi-même ! Cette phrase a donné lieu à bien des inconvenances ! Et pourtant elle veut bien dire que la charité est d'abord en nous, qu'elle doit devenir une constante de notre être, de notre caractère, de notre moi au monde.

Il faut que tout chrétien comprenne qu'il est possession de Dieu, qu'il est son bien, son souverain.

Qu'il occupe son corps et son âme en jachère au départ.

Mais qu'il doit les cultiver pour faire fructifier l'immense don de Dieu !

Qu'il doit se résoudre à refuser le malheur si commode, et la joie insipide de se plaindre et gémir !

Nous avons la responsabilité de cette gestion délicate : régir ce que nous sommes, le domaine de Dieu.

Nous aurons des comptes à Lui rendre !

Et que cette charité primordiale, intime, personnelle nous fonde, nous renforce et nous permet d'exercer la charité en acte, la charité extérieure qui s'adresse aux autres, les aide et secoure.

La charité, ainsi comprise est un état de fait, une structure de la personnalité que l'on acquiert par la faculté d'amour !

La charité est donc cette puissance à l'aspect minuscule qui nous fonde et qui nous détermine.

Elle s'ancre dans l'amour et s'accompagne d'espérance.

1. *Ô saint Expédit, je viens à toi, implorant ta prompte assistance, afin que ta puissante intercession m'obtienne de l'infinie bonté du Seigneur le secours que, très humblement, je sollicite de sa divine miséricorde.*

2. *Ô saint Expédit, si la foi et l'espérance t'ont valu la glorieuse couronne de martyr, c'est cependant ton intense charité qui seule a sanctifié ton amoureux sacrifice. Celui-là fait beaucoup qui aime beaucoup.*

Sans la charité, mes œuvres restent sans valeur aux yeux du Seigneur car tout ici-bas doit être fait par amour pour lui, et ce n'est que grâce à elle que mes actions sont dignes de quelque mérite. Quel bien puis-je donc par moi-même, qui ne suis rien ? Rien que du néant !

Ô saint Expédit, obtiens-moi que cette charité croisse sans cesse, plus forte et plus vive, car, dans l'autre vie, si la foi et l'espérance cesseront nécessairement, éternellement fixée, la charité, comme l'affirme saint Paul ne cessera jamais !

Ô saint Expédit, aide-moi à purifier mes affections de tout ce qui n'est point Dieu, afin que la divine charité puisse, de plus en plus, s'infuser dans cette âme qui a soif de son Dieu, dans cette chair qui languit après lui, comme une terre aride, desséchée et sans eau.

3. *Que la très Sainte Vierge, modèle de l'amour le plus pur, nous conduise à Jésus et nous aide à l'aimer. Amen.*

4. *Ô Christ, protège-nous demain et toujours ; mais surtout aujourd'hui.*
Ô Marie, Mère de l'amour divin, priez pour nous !
Saint Expédit, qui avez reçu du Seigneur cette couronne de justice qu'il a promise à ceux qui l'aiment, priez pour nous !

5. Réciter trois *Notre Père.*
Le premier en silence en laissant les paroles résonner sans bruit dans le for intérieur sans qu'on puisse les entendre.
Le deuxième à mi-voix, en psalmodiant, de façon à s'imprégner en douceur et en tendresse des mots sacrés de cette Sainte oraison.
Le troisième à claire et intelligible voix pour affirmer la foi.

Réciter de même trois *Je vous salue Marie*, puis trois *Gloria*.

Autre neuvaine à saint Expédit

Moins connue que la précédente, cette neuvaine n'en est pas moins profonde… et efficace !

Premier jour :

Seigneur tu m'as donné la vie. Soutiens-moi et assiste-moi chaque jour pour que j'apprenne à toujours mieux te connaître, t'aimer, te servir. Je te le demande par saint Expédit.

Soldat courageux, viens à mon secours !
Saint Expédit, écoute ma prière,
Saint Expédit, donne-moi ta pitié,
Je t'invoque de tout mon cœur
Et par mon âme purifiée
Par l'immense confiance que je te porte.

Par l'intercession de saint Expédit, je te demande instamment de daigner m'accorder la grâce de (préciser).

Soldat courageux, viens à mon secours !
Saint Expédit, écoute ma prière,
Saint Expédit, donne-moi ta pitié,
Je t'invoque de tout mon cœur
Et par mon âme purifiée
Par l'immense confiance que je te porte.

Cœur Sacré de Jésus, j'ai confiance en vous. Cœur Immaculé de Marie, priez pour moi.

Soldat courageux, viens à mon secours!
Saint Expédit, écoute ma prière,
Saint Expédit, donne-moi ta pitié,
Je t'invoque de tout mon cœur
Et par mon âme purifiée
Par l'immense confiance que je te porte.

Ne m'abandonne pas, et je serai sauvé, avec l'aide de Jésus auprès de qui tu auras la grande bonté d'intercéder pour moi.

Zélé serviteur du Christ! Je veux pratiquer la juste vertu, mais si ma foi est grande, ma volonté demeure piteuse et trop faible!

Or je désire m'améliorer pour la plus grande gloire de Dieu! Bienheureux saint Expédit, j'implore ton aide et ton auxiliation!

Soldat courageux, viens à mon secours!
Saint Expédit, écoute ma prière,
Saint Expédit, donne-moi ta pitié,
Je t'invoque de tout mon cœur
Et par mon âme purifiée
Par l'immense confiance que je te porte.

Saint Expédit, la bravoure de ton comportement fut la grandeur même! Tu supportas les tourments et les affres, les tortures et les brutalités avec une fermeté incomparable! Sois béni par les siècles des siècles!

Soldat courageux, viens à mon secours!
Saint Expédit, écoute ma prière,
Saint Expédit, donne-moi ta pitié,
Je t'invoque de tout mon cœur
Et par mon âme purifiée
Par l'immense confiance que je te porte.

Au nom du Père, du Fils et du Saint-Esprit.
Ainsi soit-il.

Réciter trois *Notre Père*.

Le premier en silence en laissant les paroles résonner sans bruit dans le for intérieur sans qu'on puisse les entendre.

Le deuxième à mi-voix, en psalmodiant, de façon à s'imprégner en douceur et en tendresse des mots sacrés de cette Sainte oraison.

Le troisième à claire et intelligible voix pour affirmer la foi.

Deuxième jour

Salut à vous, ô saint Expédit, homme de promptitude et d'urgence!

Malgré mon indignité de pécheur, j'ose tourner mon cœur vers vous car je sais que vous ne détournez jamais votre regard d'un affligé qui vous prie avec sincérité.

Saint Expédit, vous qui avez su abandonner toute vanité,
Et vaincre la peur à chaque fois qu'elle s'est présentée,
Dans l'âpreté des combats féroces
Comme dans l'horrible souffrance du martyre
Daignez prier pour nous, pauvres pécheurs
Qui n'avons ni votre force d'âme,
Ni votre constance,
Ni votre fermeté
Dans la foi en Notre Seigneur Jésus-Christ,
Qui a donné sa vie pour sauver les hommes.
Oui, priez pour nous,
Afin que nous trouvions
Le moyen de résister
Aux tentations du démon,
Qu'elles se manifestent d'une façon ordinaire ou extraordinaire.

Salut à vous, ô saint Expédit, homme de promptitude et d'urgence !

Malgré mon indignité de pécheur, j'ose tourner mon cœur vers vous car je sais que vous ne détournez jamais votre regard d'un affligé qui vous prie avec sincérité.

Saint Expédit, vous qui fûtes un courageux guerrier,
Intercédez pour moi auprès du Seigneur,
Qu'il me donne l'esprit de charité.
Je désire avec urgence l'élévation de mon âme en Dieu,
Qu'elle soit attirée au-dessus d'elle-même !
Qu'elle savoure intensément les délices de sa propre douceur.
Un sacrifice comme le vôtre, vénérable Expédit,
Est le modèle des grâces ici-bas !
Accorde-moi le désir du courage
Et de la pratique assidue de la prière !
Afin que je sois plus près de Dieu
Donnez-moi l'intention durable d'évoquer fréquemment le Grand Pardon des fautes.
Pour que s'accomplisse en moi et sur la terre la Volonté de Dieu !

Salut à vous, ô saint Expédit, homme de promptitude et d'urgence !

Malgré mon indignité de pécheur, j'ose tourner mon cœur vers vous car je sais que vous ne détournez jamais votre regard d'un affligé qui vous prie avec sincérité.

Saint très aimable et plein de charité,
J'adore respectueusement avec vous la Majesté divine,
Et parce que je me complais singulièrement
Dans la pensée des dons particuliers
De la grâce qu'elle vous a départis pendant votre vie,
Et de ceux de la gloire après votre mort,
Je lui rends de très ferventes actions de grâces,
Et je vous supplie de tout mon cœur de m'obtenir,

Par votre puissante intercession,
La grâce si importante de vivre
Et de mourir saintement.
Je vous supplie de m'obtenir aussi
(désigner la grâce particulière qu'on veut obtenir)
Et si ce que je demande n'est point
Selon la gloire de Dieu
Et le plus grand bien de mon âme,
Obtenez-moi ce qu'il y a
de plus conforme à l'un et à l'autre.

Salut à vous, ô saint Expédit, homme de promptitude et d'urgence !

Malgré mon indignité de pécheur, j'ose tourner mon cœur vers vous car je sais que vous ne détournez jamais votre regard d'un affligé qui vous prie avec sincérité.

Au nom du Père, du Fils et du Saint-Esprit,
Ainsi soit-il.

Réciter trois *Notre Père*.

Le premier en silence en laissant les paroles résonner sans bruit dans le for intérieur sans qu'on puisse les entendre.

Le deuxième à mi-voix, en psalmodiant, de façon à s'imprégner en douceur et en tendresse des mots sacrés de cette Sainte oraison.

Le troisième à claire et intelligible voix pour affirmer la foi.

Troisième jour

Vénérable saint Expédit, fais que nous obtenions par ton intercession une constance et une résistance comparables aux tiennes pour la plus grande gloire de Dieu. Faites que nos luttes assidues deviennent comme un chant de vénération envers le Seigneur tout puissant, créateur du ciel et de la terre.

Vénérable saint Expédit, sois mon avocat et demande au très Saint Christ qu'il exauce notre prière, afin que, comme toi, vénérable Expédit, admirable exemple pour toute la chrétienté, nous puissions célébrer, en tout temps, en tout lieu, la louange du Seigneur durant l'éternité comme nous nous engageons à le faire ici et maintenant sur la terre des hommes.

Dans la demeure du Seigneur, on te trouve, Expédit,
Loin des frivolités que tu as pu connaître avant d'aller vers Dieu,
Vers Celui qui sait,
Vers celui qui crée
Et qui inspira saint Jean à Pathmos,
Comme il vint t'inspirer !

Avec toi, admirable légionnaire Expédit,
Je veux louer le Seigneur,
Et rechercher le courage s'Il daigne me le donner
Pour sa plus grande gloire,
Expédit, frère des hommes,
Inspire-moi la vérité des mots dans leur beauté,
Et que tout soit poème et harmonie,
Que tout vienne à s'accorder aux grâces fabuleuses de la harpe de David égrenant sur ses cordes la grandeur divine.
Loué soit le Seigneur pour les siècles des siècles !

Vénérable saint Expédit, fais que nous obtenions par ton intercession une constance et une résistance comparables aux tiennes pour la plus grande gloire de Dieu. Faites que nos luttes assidues deviennent comme un chant de vénération envers le Seigneur tout puissant, créateur du ciel et de la terre.

Vénérable saint Expédit, sois mon avocat et demande au très Saint Christ qu'il exauce notre prière, afin que, comme toi, vénérable Expédit, admirable exemple pour toute la chrétienté, nous puissions célébrer, en tout temps, en tout lieu, la louange du Sei-

gneur durant l'éternité comme nous nous engageons à le faire ici et maintenant sur la terre des hommes.

Le Seigneur a décidé que ta bravoure servirait à répandre courageusement la foi.

C'est pourquoi nous vous remercions, vénérable saint Expédit, d'avoir, par ton action ardente autant que volontaire, servi la loi divine.

Ta force d'âme a permis d'enseigner à de nombreux saints hommes, de les diriger, au risque de se perdre, vers la célébration indispensable de la Sainte Vérité.

Vénérable saint Expédit, fais que nous obtenions par ton intercession une constance et une résistance comparables aux tiennes pour la plus grande gloire de Dieu. Faites que nos luttes assidues deviennent comme un chant de vénération envers le Seigneur tout puissant, créateur du ciel et de la terre.

Vénérable saint Expédit, sois mon avocat et demande au très Saint Christ qu'il exauce notre prière, afin que, comme toi, vénérable Expédit, admirable exemple pour toute la chrétienté, nous puissions célébrer, en tout temps, en tout lieu la louange du Seigneur durant l'éternité comme nous nous engageons à le faire ici et maintenant sur la terre des hommes.

Ta foi et ta décision font que l'exemple de ton sacrifice inestimable nous rapproche du Seigneur.

Aussi soit remercié, vénérable saint Expédit d'avoir ainsi coopéré à l'extension de la foi sur notre terre.

Ainsi soit-il.

Réciter trois *Notre Père*.

Le premier en silence en laissant les paroles résonner sans bruit dans le for intérieur sans qu'on puisse les entendre.

Le deuxième à mi-voix, en psalmodiant, de façon à s'imprégner en douceur et en tendresse des mots sacrés de cette Sainte oraison.

Le troisième à claire et intelligible voix pour affirmer la foi.

Quatrième jour

Ô coule dans mes veines, inspiration divine, fleuris dans le silence de mon âme éperdue, redonne-moi l'envie de chanter les louanges du Seigneur.

Car il est juste et bon de vénérer le Créateur du Ciel et de la Terre !

Saint Expédit, écoute ma prière,
Saint Expédit, donne-moi ta pitié,
Je t'invoque de tout mon cœur
Et par mon âme purifiée
Par l'immense confiance que je te porte.

Ô saint Expédit ! Fervent serviteur de Jésus !

Jette sur moi un regard de miséricorde ; tourne ton visage vers chacun de nous !

La splendeur de ta foi nous inspire !

Fais que la foi de nos cœurs rayonne dans la paix du Christ !

Afin que, nous souvenant de ta force sublime, nous puissions toujours puiser à cette source de joie la vigueur nécessaire pour livrer les combats que nous avons à mener pour la plus grande gloire de Dieu.

Au fond de moi-même, je fais don de promesse de toujours aimer Dieu en honorant Expédit.

Les saisons qui défilent gorgées de vie intense m'éloigneront bien vite d'un chagrin ordinaire.

Je remercie le ciel de bien vouloir m'aider dans cette quête de la paix.

Saint Expédit, écoute ma prière,
Saint Expédit, donne-moi ta pitié,
Je t'invoque de tout mon cœur
Et par mon âme purifiée
Par l'immense confiance que je te porte.

Comme il est doux d'espérer en toi, Vénérable saint Expédit !
On sait que ta sollicitude se répand sur le monde !
Mon cœur se tourne vers toi, plein d'espoir et de dévotion !
Mon âme prie le Seigneur, même si les mots sont banals
Même si mon expression demeure frustre,
Car mon espérance demeure constante,
Par ta protection merveilleuse !
Ô Grand saint, juste parmi les justes, ne m'oublie pas !
Dans ton infinie bonté, ne me laisse pas sombrer dans le désespoir et la déréliction !
Et que la volonté de Dieu s'accomplisse sur la terre ici-bas comme en haut.

Ô toi, saint Expédit, qui vit éternellement dans l'autre monde, ton regard si profond saura me contempler.
Tu me diras enfin si mon attachement aurait dû être durable ou se dissoudre ainsi.

Saint Expédit, écoute ma prière,
Saint Expédit, donne-moi ta pitié,
Je t'invoque de tout mon cœur
Et par mon âme purifiée
Par l'immense confiance que je te porte.

Seigneur, maître du temps, donne-moi la sagesse, ô précieux joyau, immensité divine.

Et toi, grand saint Expédit ne me laisse pas seul, atterré, hasardeux, combattant dans l'océan de mes larmes futiles.

Au nom du Père, du Fils et du Saint-Esprit.
Ainsi soit-il.

Réciter trois *Notre Père*.

Le premier en silence en laissant les paroles résonner sans bruit dans le for intérieur sans qu'on puisse les entendre.

Le deuxième à mi-voix, en psalmodiant, de façon à s'imprégner en douceur et en tendresse des mots sacrés de cette Sainte oraison.

Le troisième à claire et intelligible voix pour affirmer la foi.

Cinquième jour

Saint Expédit, votre cœur rayonnant ne connut point le doute de l'esprit…

Aidez-moi à suivre votre exemple. Je souffre de mes défauts, je ne puis me contraindre à les faire cesser.

Mon repentir a un goût de cendres et d'indignité.

Mais c'est plus fort que moi, je pèche par négligence d'âme.

Ô grand saint Expédit, je suis plongé dans les ténèbres, délivrez-moi.

Hâtez-vous d'exaucer mes supplications et de m'obtenir la lumière du Très Haut.

Faites que la clarté dont vous êtes inondé, en dessillant mes yeux, illumine en même temps mon âme et mon corps.

Ô Dieu qui avez couronné dans la splendeur éternelle le bienheureux saint Expédit, qui s'est illustré par la gloire éclatante de la chasteté et du martyre, daignez m'accorder par son intercession, que marchant toujours à la lumière de votre divine parole, je mérite de parvenir à la clarté éternelle.

Il est certes moins ardu d'écouter les faussaires de la foi que de s'en remettre à la Vraie Loi : ceux-là nous promettent monts et merveilles, tandis que le Seigneur ne nous cache pas les épreuves à subir, ni les embûches du chemin.

En effet, très saint Expédit, il y a trop de suffisance dans mon attitude : qui suis-je, moi, pour croire n'importe qui au lieu de m'en remettre aux desseins du Seigneur ?

Ô saint Expédit, que Dieu permette que vous m'assistiez !
Vous qui avez vécu l'horreur du martyre et d'infinies souffrances, intercédez pour moi auprès du Père Éternel !
Exaucez mes humbles prières !
Saint Expédit très puissant avocat de ceux qui souffrent, priez pour moi, et éloignez de moi toute affliction.

Je place ma joie en vous, en votre merveilleux exemple et en votre sainte grâce.
Loué soyez-vous dans les siècles des siècles.

Vénérable saint Expédit, nul n'est à l'abri du mal !
Les puissances obscures sont sournoises, ô vénérable saint Expédit !
Il faut savoir s'attendre à l'irréparable.
Demain, plus tard, nous serons atteints, ou l'un des nôtres le sera.
Il importe de s'y préparer avec contrition.
Et la grande patience que cultive tout chrétien en son for intérieur.
Urgence de la foi, saint Expédit, miséricordieux, urgence en toute situation !
N'écoutons pas l'optimisme du Mal.

Maintenons le cap d'une foi sans faille.
Avec humilité car Dieu le veut ainsi.
Insidieusement, la confiance s'étiole.
Tout est fugace ici-bas, mais la foi seule permet de vaincre le mal.
Résistons avec votre aide, ô saint Expédit.
En vous implorant, nous sommes sûrs d'être exaucés !

Vénérable saint Expédit, quelle est cette superbe qui me donne l'espoir de pouvoir vivre mieux en n'écoutant plus Dieu ?
Ne suis-je point d'abord victime de moi-même ?

En tout état de cause, admirable saint Expédit, je m'en remets à vous, à votre intercession car je sais que vous aimez ceux qui prient sincèrement. Je m'en remets à vous, mais sans faiblesse dans mon vouloir !

Au nom du Père, du Fils et du Saint-Esprit,
Ainsi soit-il.

Réciter trois *Notre Père*.

Le premier en silence en laissant les paroles résonner sans bruit dans le for intérieur sans qu'on puisse les entendre.

Le deuxième à mi-voix, en psalmodiant, de façon à s'imprégner en douceur et en tendresse des mots sacrés de cette Sainte oraison.

Le troisième à claire et intelligible voix pour affirmer la foi.

Sixième jour

Comme il est doux d'espérer en vous, admirable saint Expédit !
On connaît votre compassion !
Elle se répand sur le monde !
Mon cœur, plein d'espoir et de dévotion se tourne vers vous !
Mon âme prie le Seigneur !

Ô grand saint, juste parmi les justes, ne m'oubliez pas !

Dans votre infinie bonté, ne me laissez pas sombrer dans le désespoir et la déréliction ! Et que la volonté de Dieu s'accomplisse sur la terre ici-bas comme en haut.

Saint Expédit, il n'y a de foi qu'en Dieu,
De vérité qu'en lui,
De grandeur que dans sa Volonté !
Aussi faut-il qu'elle soit accomplie,
Aujourd'hui comme hier,
Maintenant et toujours,
Sur la terre comme au ciel.
Saint Expédit, protecteur du chétif,
Du faible, du malade,
Et du misérable, priez pour moi !

Comme il est doux d'espérer en vous, admirable saint Expédit !
On connaît votre compassion !
Elle se répand sur le monde !
Mon cœur, plein d'espoir et de dévotion se tourne vers vous !
Mon âme prie le Seigneur !
Ô Grand saint, juste parmi les justes, ne m'oubliez pas !

Dans votre infinie bonté, ne me laissez pas sombrer dans le désespoir et la déréliction ! Et que la volonté de Dieu s'accomplisse sur la terre ici-bas comme en haut.

Nul ne vous a jamais appelé en vain, saint Expédit !
On connaît vos bienfaits autant que votre courage !
Prenez pitié de moi dans ma grande détresse !
Avec votre aide, je serai sauvé !
Dieu me pardonnera mes innombrables péchés !
Je tourne mon cœur vers vous !
Je sais que ça ne sera pas en vain,
Car vous êtes bons et généreux !

Comme il est doux d'espérer en vous, admirable saint Expédit !

On connaît votre compassion !
Elle se répand sur le monde !
Mon cœur, plein d'espoir et de dévotion se tourne vers vous !
Mon âme prie le Seigneur !
Ô grand saint, juste parmi les justes, ne m'oubliez pas !

Dans votre infinie bonté, ne me laissez pas sombrer dans le désespoir et la déréliction ! Et que la volonté de Dieu s'accomplisse sur la terre ici-bas comme en haut.

Sachez que mon cœur vous est acquis et que ma vénération est sans faille !

Ainsi, je sais que vous éloignerez de moi la tentation du mal qui me persécute !

Répondez à ma prière et la guérison sera aussi celle de mon âme, trop souvent distraite.

Aidez-moi, car, en effet, elle s'éloigne parfois du chemin d'Abraham et de la juste voie de la Loi du Seigneur !

Ne me laissez pas dans cette atroce condition !
Car je désire ardemment m'éloigner du péché !

Comme il est doux d'espérer en vous, admirable saint Expédit !
On connaît votre compassion !
Elle se répand sur le monde !
Mon cœur, plein d'espoir et de dévotion se tourne vers vous !
Mon âme prie le Seigneur !
Ô Grand saint, juste parmi les justes, ne m'oubliez pas !

Dans votre infinie bonté, ne me laissez pas sombrer dans le désespoir et la déréliction ! Et que la volonté de Dieu s'accomplisse sur la terre ici-bas comme en haut.

Au nom du Père, du Fils et du Saint-Esprit,
Ainsi soit-il.

Réciter trois *Notre Père*.

Le premier en silence en laissant les paroles résonner sans bruit dans le for intérieur sans qu'on puisse les entendre.

Le deuxième à mi-voix, en psalmodiant, de façon à s'imprégner en douceur et en tendresse des mots sacrés de cette Sainte oraison.

Le troisième à claire et intelligible voix pour affirmer la foi.

Septième jour

Très vénérable saint Expédit, demande pour moi à notre Seigneur le véritable et Unique Dieu Vivant la pureté de la foi. Je voudrais que, dans tous mes actes, elle rayonne pour le bien d'autrui. Je veux lui être fidèle et effectuer pour lui l'offrande majeure de soumission. Une offrande articulant l'âme et le corps, le devenir et l'idée même de notre nature d'homme ou de femme. C'est en humanité, plus qu'en seule raison qu'il faut aller vers vous, Expédit, le juste. C'est en faiblesse insigne, mais qui malgré tout, a lutté, lutte encore. Veillons donc à conserver l'énergie nécessaire ! Une offrande ? Ne voyons-nous pas qu'elle préfigure une union dans la clarté divine du Seigneur éternel ? Sommes-nous aveugles et sourds à ce point ?

Allons en paix vers la gloire de Dieu !

La foi est Force intègre et pure !
C'est une flamme inextinguible !
La foi est énergie sublime et sans limites
Elle déplace les montagnes !
La foi est grandeur incommensurable,
Sa beauté éblouit le croyant sincère !
Si le Seigneur nous l'accorde, nous la donne,
Nous serons tous sauvés !

Très vénérable saint Expédit, demande pour moi à notre Seigneur le véritable et Unique Dieu Vivant la force de vivre l'espérance d'une façon joyeuse. De vivre ma foi d'une façon courageuse : il est un temps pour tout et nous saurons, plus tard, recevoir la clarté en disposition pieuse. La lumière jaillira comme l'eau pure naît d'une source vive. Sachons concevoir en nous la nécessité d'entreprendre aujourd'hui une vie plus chrétienne, en action de prière, en fourbure d'attention, en enthousiasme. Entendons en nous même la nécessité d'être pour préparer enfin notre entente avec Dieu !

La foi est Force intègre et pure !
C'est une flamme inextinguible !
La foi est énergie sublime et sans limites
Elle déplace les montagnes !
La foi est grandeur incommensurable,
Sa beauté éblouit le croyant sincère !
Si le Seigneur nous l'accorde nous la donne,
Nous serons tous sauvés !

Très vénérable saint Expédit, demande pour moi à notre Seigneur le véritable et Unique Dieu Vivant qu'une fois conforté par cette attitude, j'essaie de lui donner la profondeur requise. Votre exemple illuminera mes pas sur la voie royale ! Il nous objurgue à la confiance. Contemplons cette gloire et tout sera possible, trouvons l'Unicité ! Unicité ? Quel est ce mot ? Qu'en savons-nous ? Quelle idée intervient ainsi au creux de l'âme pour que nous ressentions cet étrange besoin ? N'est-ce pas un désir en harmonie avec la volonté de Dieu ?

Allons en paix !

La foi est Force intègre et pure !
C'est une flamme inextinguible !
La foi est énergie sublime et sans limites
Elle déplace les montagnes !
La foi est grandeur incommensurable,
Sa beauté éblouit le croyant sincère !
Si le Seigneur nous l'accorde, nous la donne,
Nous serons tous sauvés !

Très vénérable saint Expédit demande pour moi à notre Seigneur le véritable et Unique Dieu Vivant la pureté de la foi, l'inté-

grité intellectuelle et que le Très Haut m'inspire une conduite dévote dans ma vie de tous les jours en souhaitant parvenir à répandre la foi autour de moi.

La foi est Force intègre et pure!
C'est une flamme inextinguible!
La foi est énergie sublime et sans limites
Elle déplace les montagnes!
La foi est grandeur incommensurable,
Sa beauté éblouit le croyant sincère!
Si le Seigneur nous l'accorde, nous la donne,
Nous serons tous sauvés!

Exauce-moi, vénérable saint Expédit,
Je veux guérir mon âme afin de louer Dieu!
Délivre-moi de la tentation!
Une demande sincère ne t'a jamais laissé indifférent!
La prière, la foi m'aideront à surmonter l'insouciance vitale
Qui nous mène au mal par le manque de vertu dans nos vies quotidiennes.

Au nom du Père, du Fils et du Saint-Esprit,
Ainsi soit-il.

Réciter trois *Notre Père*.

Le premier en silence en laissant les paroles résonner sans bruit dans le for intérieur sans qu'on puisse les entendre.

Le deuxième à mi-voix, en psalmodiant, de façon à s'imprégner en douceur et en tendresse des mots sacrés de cette Sainte oraison.

Le troisième à claire et intelligible voix pour affirmer la foi.

Huitième jour

Saint Expédit, aidez-moi !
Vous qui étiez soldat
Et qui avez perfectionné votre foi en Dieu avec patience,
Votre grandeur d'âme a permis de susciter
Et d'obtenir votre conversion.
Oh, pas seulement une conversion formelle !
Mais une vraie conversion religieuse :
Il s'agit de la plus merveilleuse,
La plus élevée,
La plus sublime,
La conversion à la réalité.
Au danger.
La conversion allant vers la mort
Avec espérance !

Saint Expédit, aidez-moi !
Le soldat que vous fûtes
A aussi converti son ardeur guerrière
En dévotion sacrée
Pour la plus grande gloire du Seigneur, le Christ Roi
Qui a donné sa vie
Pour sauver les hommes !
Aidez-moi à me sauver !

Saint Expédit, aidez-moi !
Chaque jour que Dieu fait
Je suis en proie à la tentation.
Avec mes pauvres forces,
Je ne parviens pas à m'en libérer !
Vénérable saint Expédit,
Je suis résolu à guérir
Et j'implore votre assistance !
Avec votre intercession

Auprès du Seigneur,
Et ma décision de résister au mal,
Je pense pouvoir triompher !

Saint Expédit, aidez-moi !
Donnez-moi la force nécessaire au triomphe de ma foi !
Vous êtes le soldat du Christ,
Apprenez-moi à combattre le mal !
Obligez ma volonté à s'aguerrir !
Unissez vos prières aux miennes
Pour que je devienne moins faible
Devant la tentation !
Il le faut, pour moi, pour les miens !
Le péché est l'ennemi,
Sa puissance est terrible !
Le péché m'a envahi, je veux que cela cesse !
Et je prie, plein d'espoir votre grandeur sans pareille !
Saint Expédit, je vous en conjure,
Soyez mon avocat auprès du Christ Roi !

Saint Expédit, aidez-moi !
Je sais que votre générosité
Va rayonner sur moi !
Et je triompherai par la force de la foi !
Redonnez-moi l'espoir et la force d'aimer !
Débarrassez-moi de la tentation
Qui me fait tant de mal !
Et que Dieu soit loué sur la ici-bas comme en haut.
Comme il est doux de s'adresser à vous,
Admirable saint Expédit !
On ressent en priant l'effet de votre bonté !

Saint Expédit, aidez-moi !
Ne me laissez pas seul devant l'adversité !
Ne laissez pas la tentation me gouverner encore !
Écoutez ma prière !

Saint Expédit, aidez-moi ! Rendez-moi plus fort,
Plus pur par votre sainte intercession !
Inique est mon attitude de pécheur
En récidive constante !
Et je veux la quitter, m'en délivrer
Pour servir le Seigneur
Comme pour mon salut
Et pour aimer les miens
Mieux que je ne le fais !
Soutenez-moi dans cette lutte qui est si difficile !

Saint Expédit, aidez-moi !
Vous êtes un saint généreux.
Votre courage fut admirable !
Vos souffrances furent terribles !
Certes, les miennes semblent ridicules
Auprès des vôtres !
Néanmoins je veux devenir meilleur !
Et je vous demande votre intercession
Auprès du Seigneur
Afin de m'y encourager.
Ne laissez pas le péché envahir toute mon âme !
Donnez-moi la sollicitude,
L'amour de mon prochain,
Car l'indifférence
Et le manque d'amour détruisent tout.
Avec votre aide,
Ma volonté s'affermira
Et je renoncerai aux mauvaises paroles,
Aux mauvaises pensées
Comme aux mauvaises actions !
Regardez ma douleur,
Considérez mon désir de m'amender !
Admettez-moi parmi ceux que vous protégez !

Au nom du Père, du Fils et du Saint-Esprit,
Ainsi soit-il.

Réciter trois *Notre Père*.

Le premier en silence en laissant les paroles résonner sans bruit dans le for intérieur sans qu'on puisse les entendre.

Le deuxième à mi-voix, en psalmodiant, de façon à s'imprégner en douceur et en tendresse des mots sacrés de cette Sainte oraison.

Le troisième à claire et intelligible voix pour affirmer la foi.

Neuvième et dernier jour

Saint Expédit, écoutez ma prière,
Saint Expédit, soyez mon protecteur,
Saint Expédit, donnez-moi la pitié,
Je vous invoque de tout mon cœur
Et je vous en conjure,
Par mon âme purifiée
Par l'immense confiance que je vous porte,
Ne me laissez pas succomber à la tentation !

Saint Expédit, vous avez reçu la grâce divine,
La puissance de l'Esprit Paraclet
Pour venir aux secours des hommes.
Saint Expédit, ma foi et ma vertu se tournent vers vous !
Elles sont faibles
Et je sais que je suis un pauvre pécheur devant l'Éternel.
Cependant, je connais votre infinie bonté,
Votre énergie inlassable
Lorsqu'il s'agit d'aider les hommes.
Alors, je vous en prie et invoque,
Plaidez ma cause,
Soyez mon avocat envers Jésus,
Grand saint Expédit,

Aidez-moi à mener une vraie vie de chrétien !
Gloire à Dieu en tout temps, en tout lieu.

Saint Expédit, écoutez ma prière,
Saint Expédit, soyez mon protecteur,
Saint Expédit, donnez-moi la pitié,
Je vous invoque de tout mon cœur
Et je vous en conjure,
Par mon âme purifiée
Par l'immense confiance que je vous porte,
Ne me laissez pas succomber à la tentation !
Saint Expédit, donnez à mon intelligence la stabilité, la confiance et la paix.
Accordez-moi la chance d'être vainqueur des épreuves,
De renverser les embûches et les pièges,
Pour que je glorifie le Roi de toutes choses ;
Celui qui par la croix a tout vaincu !
C'est avec grand espoir
Que je me tourne vers vous,
Vénérable saint Expédit
Dont les grâces émerveillent tous les vrais chrétiens !
Avec votre aide, je triompherai de mes penchants coupables !
Car vous êtes l'auxiliateur puissant et bienveillant,
Attentif, toujours, à la misère humaine !
Et je sais que vous m'accorderez votre précieuse auxiliation.
Ô, guerrier du Christ, recevez ma supplique !
Un pécheur repenti sait toujours
Qu'il peut mettre sa confiance dans votre sainte grandeur !
Dès aujourd'hui,
Je veux chanter vos louanges
Car vous êtes bon et patient,
Indulgent envers ceux qui ont péché
Et qui s'en remettent à vous.
Il me faut votre aide, soyez mon avocat et allégez mes peines.
Ne me laissez pas sans secours !

Saint Expédit, écoutez ma prière,
Saint Expédit, soyez mon protecteur,
Saint Expédit, donnez-moi la pitié,
Je vous invoque de tout mon cœur
Et je vous en conjure,
Par mon âme purifiée
Par l'immense confiance que je vous porte,
Ne me laissez pas succomber à la tentation !

Saint Expédit, vous qui avez vécu
Empli de zèle et d'espoir,
D'endurance et de ferveur,
Faites que mon esprit raisonne justement,
Qu'il ne s'égare pas en aventures vaines !
Qu'il chemine sur la voie de la raison
Par votre intercession, ineffable bienheureux saint Expédit,
En harmonie avec la juste et divine raison du Seigneur !

Saint Expédit, écoutez ma prière,
Saint Expédit, soyez mon protecteur,
Saint Expédit, donnez-moi la pitié,
Je vous invoque de tout mon cœur
Et je vous en conjure,
Par mon âme purifiée
Par l'immense confiance que je vous porte,
Ne me laissez pas succomber à la tentation !

Oui, il est trop commode de rêver tandis que l'action vraie demande de l'énergie ! Le trompeur abuse de notre paresse mentale. Or il est vrai que le Christ nous avertit sans cesse des difficultés d'une vie chrétienne. Au point d'avoir montré l'exemple par son divin sacrifice !

Vous qui avez vécu la torture et l'infamie,
Vous êtes maintenant comblé de grâces
Aidez-moi à acquérir fermeté et

Faites que mon entendement réfléchisse justement
Et que mon âme soit assurée en vérité, pour Dieu
Qu'ils ne s'égarent pas en piètres incidences !
Qu'ils progressent sur le chemin de la raison
Je sais qu'il me faut secouer mes vanités,
Amoindrir mon orgueil jusqu'à l'inexistence
Pour obéir à Dieu, en sa Très Sainte Loi !
Car me laisser ainsi subvertir à l'envi
Par ceux qui veulent tromper
Ne correspond en rien à l'humilité d'un chrétien véritable !
Saint Expédit, écoutez ma prière,
Saint Expédit, soyez mon protecteur,
Saint Expédit, donnez-moi la pitié,
Je vous invoque de tout mon cœur
Et je vous en conjure,
Par mon âme purifiée
Par l'immense confiance que je vous porte,
Ne me laissez pas succomber à la tentation !

Vous qui avez vécu empli de zèle et d'espoir, d'endurance et de ferveur, faites que mon esprit raisonne justement,
Qu'il ne s'égare pas en équipées vaines !
Qu'il se dirige patiemment sur le chemin de la raison
Par votre intercession, ineffable bienheureux saint Expédit,
En harmonie avec la juste et divine raison du Seigneur !

Saint Expédit, écoutez ma prière,
Saint Expédit, soyez mon protecteur,
Saint Expédit, donnez-moi la pitié,
Je vous invoque de tout mon cœur
Et je vous en conjure,
Par mon âme purifiée
Par l'immense confiance que je vous porte,
Ne me laissez pas succomber à la tentation !

Durant neuf jours,
Mon âme emprisonnée a attendu d'être délivrée,
Mon esprit fragile a espéré être sauvé, et voici,
J'entends le bruit d'un galop,
Je vois la poussière du chemin qui poudroie,
Car vous venez à mon aide, ô puissant soldat du Christ.
Que votre protection me soit un bouclier,
Que votre intercession me devienne une armure
Et faites que j'avance sur le sentier d'Abraham
toujours préservé par votre bras puissant, saint Expédit,
Et que j'obtienne de Dieu grâce et bénédiction
En cette foi je veux vivre et mourir.

Saint Expédit, écoutez ma prière,
Saint Expédit, soyez mon protecteur,
Saint Expédit, donnez-moi la pitié,
Je vous invoque de tout mon cœur
Et je vous en conjure,
Par mon âme purifiée
Par l'immense confiance que je vous porte,
Ne me laissez pas succomber à la tentation !

Au nom du Père, du Fils et du Saint-Esprit,
Ainsi soit-il.

Réciter trois *Notre Père*.

Le premier en silence en laissant les paroles résonner sans bruit dans le for intérieur sans qu'on puisse les entendre.

Le deuxième à mi-voix, en psalmodiant, de façon à s'imprégner en douceur et en tendresse des mots sacrés de cette Sainte oraison.

Le troisième à claire et intelligible voix pour affirmer la foi.

Réciter de même trois *Je vous salue Marie*, puis trois *Gloria*.

VI. Prières à saint Expédit pour les causes désespérées

En toute nécessité…

Voici l'une des plus connues, parmi les nombreuses prières à saint Expédit. Certains la rabâchent pour un oui pour un non. Il convient pourtant de mieux la considérer. C'est une grave erreur : Expédit n'est pas un saint que l'on invoque à la légère ! Il faut considérer que cette oraison d'urgence n'est à prononcer que dans des cas fort graves !

Certes, il y a quelque chose d'harmonieux, dans ce texte. La tradition lui a donné la tendresse nostalgique des choses du passé, une patine nostalgique qui fait, hélas, que nous ne prenons plus la peine de bien la ressentir.

Il convient pourtant de la « penser » mieux, puis de comprendre quelles sont ses résonances particulières en notre for intérieur. Exercice salutaire s'il en fut !

Oui, avant de prier, lisons cette prière avec attention. Ainsi nous la dirons d'une façon moins légère que celle des malheureux qui la débitent pour un oui, pour un non, nous la ressentirons mieux, nous la vivrons mieux. Elle s'accordera d'autant plus à notre foi et nous nous la serons appropriée, « incorporée » en notre âme, notre esprit par notre voix même…

Il s'agit d'une prière simple : Elle va droit au but. Elle exige un bon exposé, succinct, clair de la supplique et d'entrer dans le vif du sujet. Elle est dans cette terrible urgence d'affirmer notre confiance. Ici, pas d'ornements rhétoriques : la clarté est de rigueur. La sincérité aussi.

Autre franchise, l'inquiétude à propos des péchés ! Et la demande de pardon et de grâce. Car, en effet, celui qui prie veut obtenir l'indulgence de Dieu, malgré les fautes ! Démarche quelque peu délicate. N'y a-t-il pas là une certaine outrecuidance ?

Sachons qu'elle est fortement atténuée par le fait qu'on a confiance, qu'on ose, justement, demander, tout de go un pardon, sans vraiment s'attarder à en justifier la nécessité, sinon par la détresse présente… C'est un peu court.

Ce qui pourrait apparaître comme une audace sera sans doute accepté par le Seigneur ! En effet, oser ainsi demander une telle faveur témoigne d'une foi solide en Son infinie bonté.

Prière de toute urgence à saint Expédit

Accablé sous le poids de la douleur et de l'angoisse,
Je viens à vous, ô glorieux saint Expédit.
On vous appelle le Saint des causes impossibles ou désespérées.
C'est pourquoi je vous supplie de me délivrer des maux et des peines qui m'accablent et de me rendre le calme et la joie.
J'ai pleine confiance en votre puissante intercession auprès de Dieu.

Si mes péchés sont un obstacle à l'accomplissement de mes désirs,
Obtenez-moi de Dieu la miséricorde et le pardon
Ainsi que les grâces nécessaires afin de ne plus retomber dans le mal.

Daignez, ô Saint très bon et très compatissant, répondre à la confiance que j'ai en votre pouvoir et je ferai connaître partout votre bonté envers les affligés qui vous invoquent.

Ô glorieux saint Expédit, admirable fidèle de Jésus crucifié, priez pour moi et venez à mon secours dans toutes mes nécessités.

Pour me rendre toujours plus digne de l'aide du Ciel et de votre sainte protection, je prends la résolution, à partir d'aujourd'hui, d'accomplir avec une plus grande conscience et ferveur mes devoirs chrétiens.

Ô cher saint Expédit, je vous confie le soin de présenter à Dieu ces sincères résolutions, et de le remercier pour moi de la grâce généreusement accordée.

Veuillez enfin ne jamais m'abandonner, et continuer à me garder votre sainte et active protection afin qu'après en avoir profité sur cette terre, je puisse un jour Vous retrouver au Ciel et Vous dire mieux toute ma reconnaissance.

Ainsi soit-il.

Prière objurgatoire à saint Expédit pour les causes désespérées

Voici une prière qui ressemble à un cri de détresse. Voyez comme elle traite du repentir : c'est par cette mention qu'elle trouve sa grandeur. Bien trop de personnes se répandent en demandes de secours et n'ont pas l'idée d'une contrepartie.

Ou alors, c'est une contrepartie sans réel intérêt religieux, sans aucun sens mystique. Lorsqu'on prie pour demander une faveur, n'oublions jamais d'anticiper sur notre reconnaissance !

Nous sommes encore en présence d'une précieuse prière à ne pas galvauder. Sachons n'y avoir recours qu'à bon escient. Saint Expédit, on ne le dira jamais assez, peut se montrer fort dur envers ceux qui l'invoquent en vain : sa sévérité est à la mesure de son immense bienveillance.

Saint Expédit, au secours !
Je n'en puis plus !
Ma détresse est profonde,
Mon désarroi constant !
Je me tourne vers vous
Pourtant je ne suis qu'un pécheur
Dont les fautes innombrables ne méritent guère votre indulgence.
Cependant je connais votre ineffable bonté !
Elle est sans limite !
Et je sais que vous viendrez à mon secours, car j'ai décidé de me repentir et de mener une vie conforme à la Sainte Loi du Seigneur.

Saint Expédit, serviteur du Christ : priez pour nous !
Saint Expédit adorateur chéri de la Vierge : priez pour nous !
Saint Expédit, amoureux de la paix en Jésus : priez pour nous !
Saint Expédit, adorateur de la Croix du Christ : priez pour nous !

J'ai élevé ma voix vers le Ciel, j'en ai imploré le secours, mais en vain ; le Ciel n'a pas répondu à mon appel,
Il est resté muet, et j'ai l'impression d'avoir été abandonné à mon triste sort. C'est peut-être à cause de mes péchés qui me rendent indigne des faveurs divines
Pourtant j'ai un grand besoin, un besoin absolu de la grâce que je sollicite.
L'urgence me presse, le péril me guette !
Je ne vois pas d'issue à ma situation terrible !

Vais-je tout perdre ?

Alors, cher saint Expédit, c'est à Vous que j'ai recours…

N'êtes-vous pas « Le Saint des cas impossibles, l'Avocat des causes désespérées, le Refuge de la dernière heure » ?

Saint Expédit, dispensateur de la Parole de Dieu : priez pour nous !

Saint Expédit, l'auxiliateur, frère des hommes : priez pour nous !

Saint Expédit, chantre de la tendresse du Père : priez pour nous !

Saint Expédit, amour au cœur de l'Église : priez pour nous !

Saint Expédit, au secours !

Je n'en puis plus !

Ma détresse est profonde,

Mon désarroi constant !

Je me tourne vers vous

Pourtant je ne suis qu'un pécheur

Dont les fautes innombrables ne méritent guère votre indulgence.

Cependant je connais votre ineffable bonté !

Elle est sans limite !

Et je sais que vous viendrez à mon secours, car j'ai décidé de me repentir et de mener une vie conforme à la Sainte Loi du Seigneur.

Oh, prenez à cœur ma cause, je vous en conjure !..

Soyez mon avocat !

Intercédez pour moi auprès du Seigneur !

Écartez par votre puissante intervention, les obstacles qui m'empêchent de mériter cette faveur : obtenez-moi de la Divine Miséricorde un sincère repentir et le pardon de mes péchés.

Et puis, patronnez ma cause comme vous savez le faire, en l'appuyant sur vos mérites.

Non, Vous ne permettrez pas que je sois la seule créature malheureuse à ne pas avoir été exaucée par votre immense compassion.

Je ne veux pas, je ne peux pas le croire.

J'ai toute confiance en vous,

Et je sais que vous avez exaucé bien des pécheurs dans des situations sans issue;

Ca vous êtes bon et généreux,

Pétri d'une grande compassion,

D'une sollicitude sans faille,

D'une miséricorde à nulle autre pareille,

D'une bienveillance inouïe

Vous m'obtiendrez cette grâce qui me tient tant à cœur en ce moment et qui m'est si nécessaire.

Je le crois, je veux le croire avec toute la force de ma foi, tout en me soumettant, cependant, à la Sainte Volonté Divine.

Saint Expédit, soldat de Dieu pour notre temps: priez pour nous!

Saint Expédit, modèle de courage et de bravoure: priez pour nous!

Saint Expédit, qui soulage les cœurs désespérés: priez pour nous!

Saint Expédit, trésor de bonté: priez pour nous

Saint Expédit, au secours!

Je n'en puis plus!

Ma détresse est profonde,

Mon désarroi constant!

Je me tourne vers vous

Pourtant je ne suis qu'un pécheur

Dont les fautes innombrables ne méritent guère votre indulgence.

Cependant je connais votre ineffable bonté!

Elle est sans limite!

Et je sais que vous viendrez à mon secours, car j'ai décidé de me repentir et de mener une vie conforme à la Sainte Loi du Seigneur.

Saint Expédit, protecteur des hommes qui se trouvent dans la souffrance et dans la peine : priez pour nous.

Saint Expédit, exemple pour les peuples et les nations : priez pour nous !

Patron de la jeunesse, des soldats, des avocats : priez pour nous !

Saint Expédit, exemple de mansuétude : priez pour nous !

Et, dès à présent, avec tout l'élan de mon cœur reconnaissant, je vous promets de vivre désormais une vie de vrai chrétien pour mériter toujours votre efficace protection, et de faire connaître à tous que vous êtes vraiment « Le Saint des cas impossibles, l'Avocat des causes désespérées, le refuge de la dernière heure » !

Ainsi soit-il !

Dans une situation cruciale, il convient, en plus de demander l'intercession de saint Expédit, de s'en remettre à la grâce de Dieu. De ce fait, on ajoute aux prières d'urgence le texte fort ancien du *De Profundis*. Ce texte profond nous fait mesurer la fragilité de l'homme. Mais aussi, il nous affirme que tout espoir est permis !

De profundis

Du fond de l'abîme, j'ai crié vers vous, Seigneur ;

Seigneur, écoutez ma voix.

Que vos oreilles soient attentives à ma prière.

Si vous exigez, Seigneur, un compte sévère de nos iniquités, qui pourra subsister devant vous, ô mon Dieu ?

Mais vous aimez à pardonner ; aussi, appuyé sur votre Loi, j'attends, Seigneur, votre secours.

Depuis le matin jusqu'au soir, Israël espère dans le Seigneur.

Car le Seigneur est plein de miséricorde, et l'on trouve en lui une abondante Rédemption.

C'est lui qui rachètera Israël de toutes ses iniquités.

Donnez-leur, Seigneur, le repos éternel. Et que la lumière éternelle les éclaire.

Qu'ils reposent en paix, ainsi soit-il.

Seigneur, écoutez mes prières et que mes cris s'élèvent jusqu'à vous.

Ô Marie, ô Mère ! Attendrissez-vous sur mes maux, abaissez sur moi un regard de miséricorde ; que vos mains rayonnantes de gloire et pleines de grâce s'ouvrent en ma faveur et versent à grands flots dans mon âme les trésors du Ciel. Vous êtes, après Dieu, mon espérance ; venez à mon secours.

Il faut être prêt à toute éventualité. Aussi devons nous purifier notre âme aux moments les pires, lorsque tout devient horrible, même le désastre ! Alors, c'est le moment de dire cet acte de confession, autre texte fondateur de la Foi chrétienne :

Confiteor

Je me confesse à Dieu tout puissant, à la bienheureuse Marie toujours Vierge, à saint Michel archange, à saint Jean-Baptiste, aux apôtres saint Pierre et saint Paul, à tous les saints (et à vous aussi, mon père), parce que j'ai beaucoup péché par pensée, par parole et par action ; c'est ma faute, c'est ma faute, c'est ma très grande faute ; c'est pourquoi je prie la bienheureuse Marie toujours Vierge, à saint Michel archange, à saint Jean-Baptiste, aux apôtres saint Pierre et saint Paul, à tous les saints (et à vous aussi, mon père), de prier pour moi le Seigneur notre Dieu.

Que Dieu tout-puissant ait pitié de nous, et que, nous ayant pardonné nos péchés, il nous conduise à la vie éternelle.

Ainsi soit-il.

Que Dieu tout-puissant et miséricordieux nous accorde l'indulgence, l'absolution et la rémission de nos péchés.

Ainsi soit-il.

Ensuite, une fois en confiance, il conviendra de proclamer sa foi. Et donc de réciter l'acte fondateur de la vie chrétienne. Ainsi serons-nous prêts à accueillir la grâce divine comme nous devons être prêts à nous soumettre à la volonté du Seigneur.

Credo ou symbole de Nicée

Je crois en Dieu, le Père tout puissant, créateur du ciel et de la terre ; et en Jésus-Christ, son fils unique, Notre Seigneur, qui a été conçu du Saint-Esprit, est né de la Vierge Marie, a souffert sous Ponce Pilate, a été crucifié, est mort et a été enseveli ; il est descendu aux enfers, le troisième jour est ressuscité d'entre les morts ; est monté au ciel, est assis à la droite de Dieu le Père tout-puissant ; d'où il viendra juger les vivants et les morts.

Je crois au Saint-Esprit, la sainte Église catholique, la communion des Saints ; la rémission des péchés ; la résurrection de la chair, la vie éternelle.

Ainsi soit-il.

Conclusion

La prière et le cerveau

Oraison, invocation, neuvaines... Récitations ferventes et espoir renouvelé ! La prière, nous le savons maintenant, rassérène l'être humain. Les savants physiologistes, neurologues ont pu mesurer son effet calmant par des techniques scientifiques extraordinaires. Avec l'imagerie médicale, on a pu voir que certaines zones du cerveau se trouvent dans un état particulier durant les exercices de dévotion. Nous sommes, certes, émerveillés devant cette puissance longtemps insoupçonnée !

Dieu n'est pourtant pas un anxiolytique ! On doit bien comprendre que la vie chrétienne peut aussi être faite à la fois d'espérance et d'inquiétude ! Décider de suivre le chemin d'Abraham n'est pas de tout repos ! Et la foi demande une constance qui n'est pas toujours facile d'obtenir de soi-même.

L'essentiel

Révélateur de cet état apparemment contradictoire, saint Expédit nous amène à l'essentiel. Une « espérance désespérée », selon l'expression du poète, peut parfois nous envahir. Dans notre vie chrétienne, il faut savoir l'assumer. Demander l'aide de saint Expédit en est un moyen sûr. En le priant, nous apprenons à le connaître et cette connaissance nous apaise alors même qu'elle nous remet en question ! Remercions-le pour cette grâce !

Fidélité, recouvrance : Le chemin de gloire

Vivre en chrétien ? On aimerait en avoir une recette toute faite ! Un « mode d'emploi » ! Seulement, ce serait trop facile ! Si c'était le cas, où serait la vraie joie d'espérer en Christ notre sauveur ? Aurions-nous la même constance, la même allégresse ? La force de saint Expédit nous montre au plus haut point la grandeur renouvelée du choix initial : une fidélité au message. En espoir de recouvrance et par la voie difficile du chemin de gloire !

Bonheur subtil que nous pouvons, à l'exemple de saint Expédit, mais à notre modeste mesure, la foi transcende la triste condition humaine, la matière dans sa trivialité. Il convient de mesurer cette grâce à l'aune de la ferveur immense d'Expédit, jeune soldat qui accepta le martyre, le voulut, le revendiqua, l'assuma. Notre ouvrage voudrait y aider le lecteur et nous espérons avoir contribué à répandre la force intérieure chrétienne dont nous avons tant besoin et que saint Expédit peut contribuer à nous faire acquérir, conserver, maintenir et améliorer.

La Vigilance

Relire telle ou telle prière, pour peu qu'on veuille bien s'y attacher, permet parfois de la redécouvrir, de la considérer comme nouvelle. Il y a là un fort bon moyen de se « ressourcer », selon la terminologie à la mode. Gardons-nous d'y trouver un confort excessif ! On doit demeurer sur le qui-vive car la foi est vigilance. Le Christ, lui-même en a parlé énergiquement lorsque ses apôtres s'endormirent au Mont des Oliviers ! Avec saint Expédit, nous sommes certains d'éviter cette errance ! Demandons-lui cette vigilance. Et prions-le avec ferveur pour la plus grande gloire de Dieu.

Orientons-nous vers la gloire ineffable de Dieu sous l'égide de saint Expédit ! Ne nous laissons pas impressionner par sa réputation d'exigence et de sévérité ! Sa force ne peut qu'être bénéfique à tout croyant sincère. Et son aide est infiniment précieuse. Nous avons vu, dans les pages qui précèdent, quelle est sa grandeur sublime. Faudrait-il hésiter, s'en passer à cause d'une réputation qui tient de la superstition ? On doit garder confiance. Un tel saint nous guidera sûrement. Toujours est-il que le but de cet ouvrage est d'en faire prendre conscience au lecteur, notre frère en Dieu.

Table des Matières

Avant Propos 5

Introduction :
Saint Expédit, un jeune Romain comme tant d'autres 9

Une légion particulière :
Une glorieuse légende pour des soldats d'élite 15

Le martyr d'Expédit et de ses frères chrétiens
selon la tradition orale 27

Visage de saint Expédit :
Cohérence et diversités 35

L'Histoire :
Eusèbe de Césarée 41

Espoir et espérance 49

Le culte de saint Expédit 53

Le culte de saint Expédit à la Réunion 59

Les prières à saint Expédit 65

I. Prières diverses 67

Invocations et psychomachies à saint Expédit 73

II. Prières particulières à saint Expédit 83

III. Prières à saint Expédit pour la guérison 107

IV. Prières à saint Expédit pour réussir
un examen ou un concours et pour
le succès des études ou de l'apprentissage 125

Prières à saint Expédit pour l'obtention
du permis de conduire 131

Litanie de saint Expédit 135

V. Deux neuvaines à saint Expédit 139

Première neuvaine à saint Expédit 145

Autre neuvaine à saint Expédit 165

VI. Prières à saint Expédit pour les causes désespérées 191

Conclusion 201